DIGRESSION

SUR

LE CÉLIBAT DES PRÊTRES

ET DES MILITAIRES,

DANS L'INTÉRÊT DE LA POLITIQUE,
DES MŒURS ET DE LA RELIGION,

Suite de la Législation Philosophique,
Politique & Morale.

Par le même Auteur.

Laboremus ad rectos mores, in illis sistit felicitas.
Ex me.

TOME TROISIÈME.

A GENÈVE,

Et se trouve à PARIS,

Pour L'AUTEUR, rue du Jardinet, au grand Hôtel de
Toulouse;
Et chez DEBURE aîné, Libraire de la Bibliothèque du Roi,
rue Serpente, Hôtel Ferrand.

1787.

TABLE
DES CHAPITRES

CONTENUS *dans ce troiſième & der-*
nier Volume.

CHAPITRE PREMIER. *Du*
célibat,   page 1

CHAP. II. *De l'inamovibilité*
des bénéfices,   22

CHAP. III. *Des réſignations,*   28

CHAP. IV. *Du mariage des*
prêtres,   31

CHAP. V. *De la différence du*
prêtre marié,   46

CHAP. VI. *Examen plus parti-*
culier de la queſtion dont il
s'agit,   54

CHAP. VII. *De l'autorité des*
ſouverains ſur la queſtion dont
il s'agit,   93

CHAP. VIII. *Des curés dans les colonies*, page 102

CHAP. IX. *De l'exemple des miniſtres de la religion dans toutes les ſectes*, 107

CHAP. X & dernier. *Du ſentiment des prélats ſur cette digreſſion*, 117

TABLE DES MATIÈRES, 139

Fin de la Table des Chapitres du troiſième & dernier Volume.

ERRATA.

*P*AGE 38, *lignes* 11 & 12, la continence, *liſez* l'accointence.

Page 48, *ligne* 6, pénitence, *liſez* pénitente.

Page 70, ligne 4, *aceſus*, liſez *auſus*.

Page 102, *ligne* 4, *mettez* un point au mot nulle, & *ôtez* le point & la virgule au mot ſinguliers de la ligne ſuivante.

DIGRESSION

DIGRESSION

SUR

LE CÉLIBAT DES PRÊTRES

ET DES MILITAIRES,

DANS L'INTÉRÊT DE LA POLITIQUE, DES MŒURS ET DE LA RELIGION.

CHAPITRE PREMIER.

Du Célibat.

En attendant que cette matière très-importante ſoit mieux
diſcutée par quelque plus ha-
bile homme, l'ayant entamée

Tome III.   A

dans mon ouvrage de *Légiſla-
tion Philoſophique*, *Politique
& Morale*, je crois que le travail ſera plus complet de pu-
blier en même tems les réflexions que j'ai déja faites à
cet égard. Ce ſera le moyen
d'exciter le zèle des ſavans, qui
me releveront par leur judi-
cieuſe critique, ſi je me ſuis
égaré, & peut-être d'épargner
de la peine à quelques-uns.

Pour garantir les eſprits ſuſ-
ceptibles de s'effaroucher, je
dois prévenir que je n'exami-
nerai que ce qui eſt purement
du droit poſitif, de la compétence de tous les politiques,

& qui, par contre-coup, doit produire l'avantage & le bien de la religion. Il s'agit feulement de favoir diftinguer le dogme de la difcipline : le dogme doit être admiré & refpecté de tous les fages, reçu de tous les chrétiens ; quant à la difcipline, elle peut varier felon les circonftances, mais ce ne peut être qu'avec une autorité légitime.

Je ne parle point aux gens prévenus, à certains hommes brufques & entêtés d'une opinion qu'ils n'ont reçue que par l'ufage & fans réflexion ; je parle aux philofophes chrétiens qui favent difcerner la vérité,

& qui l'aiment : je leur répondrai, s'ils daignent me reprendre ; je reconnoîtrai les autres à leur premier mot, & je ferai comme les médecins qui abandonnent les incurables.

Une cauſe principale de la dépravation des mœurs, & en même tems de la diſette de pópulation , eſt le célibat des prêtres & de la majeure partie des militaires, du moins pendant plus de moitié de la plus brillante carrière de ceux-ci, & lorſqu'ils ſeroient dans le meilleur tems de devenir pères.

Quand ces derniers ne ſont point occupés à combattre les

ennemis de l'état, ils attaquent
la vertu des-femmes par befoin
& par défœuvrement, ce qui
annonce & prépare l'entière
corruption des mœurs.

Si les militaires étoient plus
généralement mariés, & les
foldats enrôlés pour moins de
tems, à un terme plus certain
& plus déterminé, comme je
l'ai expliqué en parlant des déferteurs, la nature les tourmen-
teroit moins, & il y auroit
moins de filles qui facrifieroient
inutilement à l'amour, dans
un commerce auffi honteux
qu'infâme.

Le célibat des prêtres qui

n'en ont pas la grace, a des ſuites, vis-à-vis le peuple, d'une plus grande conſéquence. Le mariage eſt la condition naturelle de tous les hommes, ce ſont des exceptions à la règle, quand on s'en diſpenſe; il n'y a que très-peu de perſonnes qui puiſſent ſe flatter de combattre & de dompter la nature pendant toute leur vie. Mais pourquoi raiſonner quand l'expérience découvre la vérité que l'on cherche?

On me parlera, peut-être, des graces ſurnaturelles, d'accord; mais les graces ſurnaturelles ne ſont pas pour tous, elles font un don du ciel réfervé pour un très-petit nombre; & j'ajoute, contre l'objection des graces furnaturelles, l'expérience fatale de tous les fiècles, de tous les tems.

L'homme qui a brifé un vœu qu'il croit facré (1), fur un point de la difcipline de l'églife dont il eft un des miniftres, a moins de peine à fe décider fur des rapports quelquefois plus importans ; il franchit, fans beaucoup délibérer, les barrières de toute délicateffe, & fon

_____

(1) On verra dans la fuite que le célibat des prêtres n'eft point un vœu dans le fens que quelques-uns l'ont entendu.

A 4

ame déja ébranlée par ces dangereux eſſais, dépaſſe ſouvent celle de la vertu même; c'eſt ainſi qu'il devient ou un hypocrite inſigne, ou un libertin dont le ſcandale eſt épidémique comme la peſte.

Parmi les prêtres, comme tous les autres hommes qui ne ſont point mariés, qui ne s'occupent que d'eux ſeuls, qui ne tiennent à rien, il en eſt qui haſardent plus volontiers les aventures qui peuvent ſatisfaire leurs paſſions dans tous les genres. En tout cas, diſent-ils, *je ne ferai tort qu'à moi ſeul;* raiſonnement faux, s'il en fût

jamais ! Car, le tort qu'ils ne
difent que pour eux feuls, fe
répand fur les victimes de leurs
paffions, & fur tous ceux qui
font frappés du fcandale ; &
ceci n'eft point une propofi-
tion, c'eft une obfervation véri-
table ; pour qu'on n'en doute
pas, ou qu'on ne faffe point
de vains raifonnemens, j'appelle
encore l'expérience de tous les
tems.

Le danger du célibat des
prêtres influe fortement fur la
quantité des fujets, comme fur
leur qualité ; car, malgré la corruption des mœurs, on a de là
peine à rencontrer le nombre

ſuffiſant, ce qui force à ſe re-
lâcher ſur le choix.

Des hommes qui ont du mé-
rite, qui ſeroient de dignes eccléſiaſtiques, qui ſe ſentent de
la diſpoſition pour acquérir de
la ſcience, & qui ont de la vertu,
n'oſent s'expoſer dans un état
ſi critique; ils doutent de leur
force, ils ſavent réſiſter à l'im-
pulſion de leurs parens & de
leurs prétendus amis (1) qui
n'ont que des vues mondaines,
en leur faiſant enviſager les hon-

---

(1) Voyez le journal des ſaints par le
Pere Groſez, tom. 1, la Chaire de S. Pierre,
22 Février, Méditation de la vocation à
l'état eccléſiaſtique, pag. 149.

neurs, les richeſſes & le repos
ſans peine ; ils préfèrent ſuivre
le doux penchant de la nature,
& faire ſervir leurs talens dans
le comnierce d'une vie pénible,
mais moins équivoque par les
ſuites terribles qui peuvent ré-
ſulter d'un état où l'on combat
preſque toujours en vain la nature.

Quels ſont donc les hommes
qui ſe vouent au ſublime &
ſacré miniſtère de la prêtriſe?
Ce ſont la plupart les malheu-
reuſes victimes de l'ambition de
leurs parens, qui ſans cette dé-
plorable ſoumiſſion, ſe verroient
mépriſés dans leur famille, &

manquer peut - être quelquefois des ſecours les plus néceſſaires ; par une ſuite de leur
foibleſſe , lorſqu'ils ſont en-
gagés , ils ſe troublent & s'éga-
rent , en conſidérant le ſacri-
fice de leur liberté , & ſe croient
excuſables de la recouvrer ,
d'abord , par une conduite ir-
régulière , qui les précipite enfin dans un labyrinthe d'erreurs,
d'où réſulte preſque toujours
un ſcandale dangereux.

Il eſt quelques perſonnes qui
ſe déterminent d'elles-mêmes à
l'état eccléſiaſtique, cependant
il n'en eſt pas beaucoup dans
les pays où il y a d'autres reſ-

fources pour parvenir aux honneurs & à la fortune ; mais, dans ce petit nombre, il faut examiner dans quelles circonftances fe trouvent la plupart ; c'eft ordinairement lorfque, fans fortune & fans talens, l'églife leur préfente les moyens de vivre dans l'oifiveté & la moleffe ; ou lorfque, pétris d'orgueil & d'ambition, ils efpèrent, par leurs amis, par leur naiffance, par leurs différentes recommandations, arriver aux honneurs & à la fortune.

Ceux qui fe vouent par religion, par dévotion, font prefque tous réguliers ; ils s'é-

eartent du monde pour ne s'oc‑
cuper que de leur ſalut & de
l'amour de Dieu.

Nous voyons cependant de
très-dignes ſéculiers, qui rem‑
pliſſent admirablement les de‑
voirs de leur état, au milieu
des paſſions fortes qu'ils ne
ceſſent de combattre, & qui
réuniſſent le zèle, la charité &
la ſcience : les voici, ce ſont
les martyrs de l'ambition de
leurs parens, ou des hommes
qui, ayant trop préſumés de
leurs forces, ſe ſont les uns &
les autres parfaitement réſignés
à leur ſort, & ont obtenu des
graces ſurnaturelles, ce qui ne

peut être que très - rare , ou
enfin ceux qui font véritablement appellés à cet état de perfection que le célibat fanctifie ,
ce qui n'arrive qu'à quelques
hommes doués d'un privilège
divin qui furpaffe les loix de
la nature , tel que fut faint
Paul qui a dit , à cet égard , que
Dieu diftribue fes dons à chacun différemment. Son texte
fera cité dans la fuite.

De-là on peut aifément juger
quels font les hommes qui com-
pofent l'état eccléfiaftique fé-
culier, & parmi les réguliers
ceux qui fe font trompés fur
leur vocation.

J'ai promis, dès le commencement, d'établir mes principes
ſur l'expérience & ſur des
exemples. Ce ſont, à mon avis,
des argumens ſans réplique. Je
vais faire une remarque qui paroît frappante dans mon opinion.

On peut obſerver que de
tous les pays catholiques, l'I-
talie eſt celui qui fournit le plus
de grands hommes dans l'é-
gliſe ; il ſemble cependant, au
premier coup-d'œil, que l'égliſe
devroit produire par-tout le
même avantage, puiſque les
prêtres ſont tous lettrés ou doivent l'être, & qu'ils ont plus

de tems que les autres hommes pour l'étude & pour le travail.

Il y a trois caufes de la différence de l'Italie aux autres pays catholiques. La première, c'eſt que les Italiens ne parviennent aux honneurs & à la grande fortune que dans l'égliſe ; la feconde dérive de la première, tous les gens à talens fe placent dans l'égliſe, ce qui facilite le choix ſur un plus grand nombre de bons ſujets, & peut rendre les ſupérieurs plus ſcrupuleux dans l'examen ; la troiſième vient de la nature du climat qui échauffe l'imagination, & la rend plus

vive qu'ailleurs , ce qui doit
produire de grands peintres ,
de grands muſiciens, de grands
poëtes & de grands hommes
dans tous les états, comme on
l'a vu de tout tems, chez les
peuples de l'Italie.

Les hommes très-religieux de
cette nation, qui s'enflamment
de l'amour de Dieu , doivent
généralement ſurpaſſer les autres en mérite, comme il arrive que ceux qui y ſont tour-
mentés des paſſions dangereuſes
ſont auſſi plus à craindre : d'où
il réſulte toujours qu'une telle
nation doit produire de grands
hommes dans tous les genres ,

parce que l'imagination vive
est presque toujours accompa-
gnée d'une ame forte.

Cette observation conduit à
une autre qui n'est pas moins
exacte.

Dans les autres pays catholiques, la science & les talens
se trouvent plutôt chez les
moines, & il y en a aussi trois
causes. La première, c'est qu'ils
se vouent plus généralement
d'eux-mêmes, & que s'ils se
sont trompés sur leur vocation,
ils ont pour ressource le goût
de la retraite qui les avoit déterminé, ce qui convient à l'é-
tude ; la seconde, c'est qu'ils

n'ont pas aſſez d'argent comme les ſéculiers, pour perdre leur tems dans les fêtes ou les plaiſirs; la troiſième, c'eſt qu'on ne parvient chez eux aux honneurs & aux grades que par la ſcience & les talens. La ſcience ſeroit bien mieux placée chez les hommes qui ont la charge des ames, & dont les exemples bons ou mauvais influent toujours fortement ſur l'eſprit du peuple qui les prend pour modèle.

Dans les premiers ſiècles de l'égliſe, les eccléſiaſtiques étoient les plus inſtruits, leur état n'étoit point incompatible avec le mariage, ce qui a duré juſqu'au

huitième siècle ; ce ne fut que
vers la fin de celui - là que le
célibat des prêtres fut exigé,
les lettres étoient déjà tombées,
les laïques ne savoient plus rien,
& ce fut à-peu-près le commencement des siècles d'ignorance :
les diacres & sous-diacres ne
reçurent le joug du célibat qu'au
onzième siècle.

CHAPITRE II.

De l'inamovibilité des bénéfices.

UNE cauſe du relâchement des mœurs chez les eccléſiaſtiques, & en même-tems de leur indolence à acquérir de la ſcience, eſt l'inamovibilité des bénéfices, & le peu de poids qu'a le mérite pour obtenir la préférence.

Un magiſtrat qui a payé ſon office cent mille livres, & un militaire qui a financé le même prix pour ſon emploi, courent les riſques l'un & l'autre de perdre leur place, s'ils manquent à leurs devoirs essentiels, & quelquefois plus encore selon les circonstances.

Un ecclésiastique qui a prévariqué dans son état même avec scandale, en est quitte pour quelques tems de séminaire & conserve ses bénéfices, s'il n'intervient pas un jugement.

J'ai entendu plaider dans un parlement de France, & il n'y a pas long-tems, la cause d'un curé dont le bénéfice valoit douze mille livres de revenu, qui avoit enlevé la femme d'un de ses paroissiens, de l'âge de vingt-un an, avec laquelle il s'étoit réfugié en Hollande : un intrigant, un ambitieux impétra le bénéfice en cour de Rome, comme vacant par déſertion ; on s'oppoſa à la priſe de poſſeſſion dans l'intérêt du curé ; la cauſe portée à l'audience, l'impétrant n'oublia rien de l'inconduite du curé.

Mais l'avocat de celui - ci fit voir que le bénéfice n'étoit point vacant par ce ſeul fait, que le curé pouvoit revenir dans l'année, & qu'à ſuppoſer que l'inconduite qu'on lui reprochoit fût réelle, il rentreroit paiſible poſſeſſeur de ſa cure & de ſes revenus, en faiſant la

pénitence

pénitence qui lui seroit imposée par l'ordinaire, & il en cita trop d'exemples.

On lisoit bien dans les yeux de quelques célebres magiftrats, le desir qu'ils avoient de châtier l'inconduite du curé & d'en faire un exemple; mais ils furent retenus par la teneur de la loi qui fixe un tems pour la vacance du bénéfice par désertion (1).

_____

(1) « Le concile de Bâle décide que l'on
» ne peut rendre aucun jugement contre
» les concubinaires eccléfiaftiques, fans au
» préalable les avoir averti par trois fois
» différentes, & encore faut-il que le con-
» cubinage foit public, notoire ou avoué
» par le concubinaire même; s'il ne ren-

Cependant le peuple qui ne connoît p at les loix, murmuroit contre cette juriſprudence ; il étoit indigné de voir rentrer le curé dans ſon bénéfice.

» voie pas ſa concubine, on ne peut d'a-
» bord que le priver des revenus de ſes
» bénéfices pendant trois mois ; & enſuite
» à proportion : ſi le concubinaire eſt un
» laïque , il encourt tout de ſuite l'excom-
» munication ; & dans l'un ou l'autre cas,
» l'évêque ſeul devient juge. La pragma-
» tique ſanction contient à ce ſujet les mêmes
» diſpoſitions ; le concordat confirme dans
» ce point la pragmatique ſanction. Le con-
» cile de Trente modère cependant cette
» rigueur contre les laïques, il veut qu'avant
» de les excommunier, ils ſoient avertis
» trois fois.

    » Il eſt vrai néanmoins que, dans notre ju-

Toutes les fois qu'une pareille queſtion pourra faire la
matière d'un problême, les
mœurs ſont évidemment mau-
vaiſes, & en danger de ſe corrompre entièrement.

» riſprudence actuelle, ceux qui auroient à
» ſe plaindre de l'inconduite d'un prêtre,
» pourroient le pourſuivre avec la jonction
» du miniſtère public, & que le cas de-
» viendroit privilégié. *Mémoires du clergé.*
» Mais les particuliers qui ſe trouvent dans
» ce cas, gardent prudemment le ſilence.
» Un prêtre peut-il réparer, dans la légiſla-
» tion actuelle, l'honneur d'une fille qu'il
» a ſéduite? C'eſt donc à la cauſe que la
» politique doit viſer ».

CHAPITRE III.

Des réſignations.

LES réſignations des bénéfices ſont encore une autre
cauſe de la dépravation des
mœurs des gens d'égliſe ; elles
déterminent à la prêtriſe de
jeunes gens ſans vocation qui
voient avec deſir un ou pluſieurs bénéfices dans leur famille dont ils eſpèrent la réſi-
gnation.

Les bénéficiers ſe font ſuc-
céder comme ils veulent, ils
choiſiſſent dans leur famille ou

parmi leurs amis; il en est des biens qui n'appartiennent qu'à l'églife, comme des biens pro- fanes; les particuliers les dif- tribuent à leur fantaifie, ils ne font pas moins dans le com- merce.

Un jeune homme de l'âge de vingt-cinq ans, qui n'a rendu aucun fervice à l'églife, qui lui fera plus de tort que de bien, qui ne fait rien & qui ne faura jamais rien, fe voit fouvent poffeffeur de plufieurs béné- fices confidérables, tandis que d'anciens & vénérables pafteurs qui ont fupporté le poids du joug pendant long-tems, qui n'ont pas oublié un inſtant la vigne du Seigneur, remplis de zèle & de charité, ont de la peine à vivre ſelon la décence qui convient à leur état.

Ce mal fut enviſagé au concile de Trente; quelques zélés voulurent y faire remédier, la queſtion fut propoſée; mais les légats inſpirés par la cour de Rome, éludèrent la déciſion de cet article très-important.

CHAPITRE IV.

Du mariage des Prêtres.

LES malheurs que nous retra-
çons étoient déjà sentis dès le
concile de Trente, mais on ne
se doutoit pas que le progrès de
la dépravation feroit instituer
ou tolérer des établissemens de
corruption, qui se multiplie-
roient en proportion de la perte
des mœurs.

La fameuse question du mariage des prêtres fut proposée
à trois fois différentes, & dans

B 4

des tems différens (1); le motif fut le même que ce que j'ai dit ci-deſſus, c'eſt-à-dire, que le célibat eſt un état extraordinaire, dont très-peu de perſonnes ſont capables ; mais ce motif n'étoit pas auſſi preſſent que deux ſiècles & demi après. Ceux qui étoient contre le mariage diſoient *qu'il eſt impoſſible d'entendre à l'eſprit & à la chair.* Ceux qui étoient pour le mariage, répétoient le mot fameux du pape Pie II : *Que, pour de bonnes cauſes, l'égliſe avoit défendu le mariage aux prêtres occiden-*

_____

(1) *Voyez* l'Hiſtoire du concile de Trente.

taux, mais que, pour de meilleures & de plus fortes, il le leur
falloit derechef permettre. Ces
caufes meilleures & plus fortes
n'ont point diminué depuis.

Mais tous étoient d'accord
que le célibat des prêtres n'eft
tenu que par tradition apofto-
lique, non par raifon de vœu,
tel que celui de la profeffion
religieufe, ni par aucune conftitution eccléfiaftique; d'où il s'en
fuivroit, en fuppofant cette tradition eccléfiaftique très-réelle,
que le célibat des prêtres n'eft
pas même de difcipline, & que,
puifqu'aucune autorité n'a pro-
noncé fur cette queftion, elle

peut être examinée par les politiques ſous le point de vue de
l'intérêt des ſouverains, pour le
plus grand bien de la religion,
& pour l'honneur de ſes miniſtres, ſans qu'on y puiſſe trouver à redire.

Les François s'appercevant,
au concile, que la commune
opinion portoit qu'un prêtre
pouvoit être diſpenſé pour ſe
marier, s'aſſemblèrent pour con-
ſulter s'il étoit à propos de re-
quérir la diſpenſe du cardinal
de Bourbon, ſelon la commiſ-
ſion qu'en avoient le cardinal
de Lorraine & les ambaſſadeurs;
mais le cardinal de Lorraine

fut d'avis d'attendre un autre moment, & de faire seulement en sorte qu'aucune décision fût arrêtée qui pût préjudicier à cette demande.

Il arriva comme des résignations, la question du mariage fut toujours éludée par les légats. Cependant peu de tems après le concile, le pape se trouva fort embarrassé sur les lettres pressantes de l'Empereur, & du duc de Bavière son gendre, en date du 14 février 1564, auxquelles étoit jointe une remontrance de théologiens catholiques d'Allemagne, rapportée dans l'histoire du concile de Trente, en ces termes(1):

« Que c'eſt choſe évidente
» que la ſainte écriture du vieux
» & du nouveau teſtament ,
» permet le mariage aux prêtres;
» attendu que les apôtres, fors,
» peut-être quelque peu, avoient
» été mariés. Il ne ſe trouve
» point que Jeſus-Chriſt, après
» la vocation , les ait fait ſé-
» parer d'avec leurs femmes;
» qu'en l'égliſe primitive, tant

---

(1) Liv. 8 , vers la fin , Hiſtoire du concile de Trente de Frapaolo Sarpi, théologien du Sénat de Veniſe, traduite en françois par Amelot de la Houſſaie , ſecrétaire de l'ambaſſade de France à Veniſe. En citant cet écrivain , nous n'avons garde d'en adopter les écarts.

» orientale qu'occidentale , les
» mariages des prêtres avoient
» été libres & licites jufques
» au pape Calixte ; que les
» loix civiles ne condamnent
» nullement le mariage des
» clercs ; qu'il eſt bien vrai que
» le célibat au clergé eſt meil-
» leur & plus defirable , mais
» qu'à cauſe de la fragilité de
» la nature, & de la difficulté
» de garder continence , il s'en
» trouve fort peu qui ne ſentent
» les aiguillons de la chair ; &
» pourtant Eufebe raconte que
» Denis le Corinthien admo-
» leſta Quintus évêque d'avoir
» égard à la foibleſſe de la

» plupart, & à ne point mettre
» le joug du célibat ſur les frè-
» res, & que, conformément à
» cela, Paphnuce avoit perſuadé
» aux pères du concile de Ni-
» cée de n'impoſer aucune loi
» du célibat, diſant que l'uſage
» de ſa femme propre eſt chaſ-
» teté ; & que ſemblablement
» le ſixième concile de Conſ-
» tantinople n'avoit défendu la
» continence des femmes aux
» prêtres, ſinon au tems qu'ils
» dévoient offrir, que ſi ja-
» mais il y eût cauſe de per-
» mettre le mariage aux prêtres,
» c'étoit en ce ſiècle. &c. &c.
» &c. &c. ».

Le pape, sur ces remontrances, fut d'avis de convoquer
à Rome des personnages de
piété & de science de toutes
les nations, pour traiter de ce
point mûrement, & il en avoit
déjà parlé aux ambassadeurs ré-
sidans auprès de lui, lorsque
le cardinal Simonette l'en dis-
suada, en lui faisant apperce-
voir que ce seroit une autre
espèce de concile, que s'il en
venoit de France, d'Espagne,
de l'Allemagne & d'ailleurs,
ils seroient, sans doute, por-
teurs des intentions des princes,
chacun selon leurs intérêts, ce
qui seroit contraire à ceux de

ſa ſainteté qui ne pourroit les congédier quand elle le deſireroit, ſans les contenter.

Le pape (1) goûta le conſeil comme ſincère & utile, &, pour ſe tirer d'affaire, chargea dixneuf cardinaux qui avoient ſes ordres ſecrets, pour examiner diligemment les écrits venus d'Allemagne.

En effet, les députés des nations différentes auroient pu ſe réunir à demander l'établiſſement du mariage, & le ſaint ſiége auroit perdu le profit des réſignations ; ces deux articles

---

(1) Pie IV.

très-importans auroient rentré
dans l'ordre : dès-lors le fyftême des ultramontains à cet
égard, préjudiciable à la politique, aux intérêts de toutes
les nations catholiques & à la
religion, eût été anéanti.

Il eft actuellement facile de
remarquer & de fe convaincre,
que les fouverains peuvent, chacun dans les pays foumis à leur
domination, trancher la queftion du célibat des prêtres,
felon les intérêts de leur politique, fans s'expofer à la moindre
cenfure, ni à aucune critique,
ou en fe concertant, à cet effet,
avec l'églife.

Il réſulte que le célibat des prêtres n'eſt pas même une tradition apoſtolique, puiſqu'il y a eu des apôtres mariés, ſelon la remontrance des théologiens d'Allemagne, & comme je le prouverai bien plus clairement dans la ſuite. Il réſulte encore que c'eſt une erreur de penſer, *qu'il eſt impoſſible d'entendre à l'eſprit & à la chair.*

Les hommes mariés qui ont de l'affe&ion & de l'attachement pour leurs femmes & pour leurs enfans, ne ſont point diſpenſés *d'entendre à l'eſprit ;* c'eſt une obligation de tous les chrétiens, qu'ils doivent con-

cilier avec leurs autres devoirs :
il suffit que *l'esprit* dont il
s'agit ici, occupe le cœur de
préférence & l'embraſſe par-deſ-
ſus tout. Que deviendroit donc
le plus grand nombre des chrétiens, les gens mariés, *s'il étoit*
impoſſible d'entendre à l'esprit
& à la chair ?

Ce fut encore une fauſſe idée
de la part de quelques légats
qui, pour répondre dans le concile aux objections qu'on leur
faiſoit, ſur la difficulté de trouver aſſez grand nombre d'hommes continens qui euſſent auſſi
la ſcience requiſe, dirent qu'il
falloit n'ordonner que des per-

ſonnes éprouvées, que, pour la doctrine, il ſuffiroit de faire imprimer des homiliaires & catéchiſmes en toutes les langues, compoſés par des perſonnages ſavans & religieux , que les prêtres ignorans réciteroient au peuple le livre à la main (1). L'expérience a-t-elle bien couronné cet avis ?

La ſcience & la piété doivent former le caractère d'un miniſtre de la religion ; & il y a cette différence de la ſcience à la piété , que la ſcience ſans piété fait moins de mal , elle eſt

_____

(1) Hiſtoire du concile de Trente, du même auteur, liv. 7.

moins fcandaleufe, & l'on peut
efpérer que la fcience, opérera
tôt ou tard, fes effets, c'eft-
à-dire, le retour au bien. La
piété fans fcience eft toujours
ridicule, & ce qui eft ridicule
fe fait méprifer, même par les
plus fimples. Les fontaines fans
eaux & les docteurs fans fcience
ne peuvent produire que la fé-
chereffe, l'effence du faint miniftère eft de répandre une
douce & falutaire onction.

CHAPITRE V.

De la différence du Prêtre marié.

LE prêtre marié a des avantages pour le bien de la religion ; rien ne peut le diſtraire des fonctions de ſon miniſtère, ſes affaires temporelles ne les lui font point abandonner, elles ſe diviſent dans ſa famille, entre ſa femme & ſes enfans ; il ne va point ſuivre dans les tribunaux de juſtice, pendant des années entières, les intérêts de ſon bénéfice, ou le plus ſou-

vent des objets qui ne font que
perfonnels ; il demeure conftam-
ment au milieu de fon troupeau,
pour le veiller avec exactitude
& être à portée de lui admi-
niftrer tous les fecours qui dé-
pendent de lui ; il édifie dou-
blement ; fa charité s'étend &
fe multiplie, par toutes les
branches dont il eft le tronc ;
fa femme & fes enfans doivent
faire connoître dans le monde
qu'ils appartiennent à un paf-
teur de l'églife.

Au tribunal de la pénitence,
il peut donner, fans inconvénient, des confeils falutaires à
une fille ou à une femme, qui

ſe trouve en perplexité : que peut lui dire un jeune homme, qui ne doit rien connoître du cas dont il s'agit, qui n'a point de graces ſurnaturelles ? La pénitence l'inſtruira-t-elle, ou ſi mutuellement ils s'inſtruiront ? Quelle criſe terrible pour deux jeunes perſonnes également tourmentées par la nature ! Je défie que l'on puiſſe concilier la compétence d'un tel juge avec le bon ſens.

D'un autre côté, on expoſe les ames à la profanation des plus ſaints myſtères. Une femme modeſte & de bonne foi acuſera plutôt ſa foibleſſe à un

père

père de famille , qu'elle fait
devoir moins étonner , & qui
peut lui donner les confolations
qu'elle efpère.

De-là vient le fpectacle ridicule de ces prêtres myftiques &
affectés , qui reffemblent plus
à des ours qu'à des hommes ,
qui marchent la tête baiffée avec
un grand chapeau rabatu , qui
n'ofent regarder ni devant ni
à côté d'eux , comme fi une
femme étoit un péché. Le chrétien qui a l'ame tranquille , &
à qui la fyndérefe ne reproche
rien , marche la tête haute avec
affurance & d'un air ferein ; la
providence , toujours d'accord

Tome III.   C

avec la nature, lui a donné tous
les moyens de pouvoir regarder
l'un & l'autre ſexe ſans inconvénient ; il eſt ſimple en tout,
il porte le coſtume de ſon état
ſelon le tems où il vit, & ſans
ſe ſingulariſer.

L'on objectera peut - être,
que, dans les pays non catholiques, où les miniſtres de la
religion ſe marient, on voit
que la corruption n'eſt point
rare ?

Je répondrai, 1°. qu'il y en a
moins & beaucoup moins, c'eſt
une différence facile à vérifier.

2°. Qu'en général l'exemple
des miniſtres de la religion eſt

un bon exemple, que le scandale de leur part est très-rare, & qu'en tout cas il est moins dangereux pour le peuple, que celui des prêtres de notre communion, qui semblent avoir fait vœu de renoncer aux femmes, & qui prêchent la continence.

3º. Que les mœurs dont nous parlons sont évidemment meilleures ou moins mauvaises ; on s'y marie plus jeune, où tous les hommes ont des femmes ; on a moins besoin de corrompre celles d'autrui, & de fréquenter celles qui se livrent au public ; la population y est plus nombreuse.

4°. Qu'il en eſt du relâchement des mœurs en Europe,
comme de la mode dans une
nation ; lorſque la capitale (1)
adopte une mode, tous ceux
qui en ſortent répandent dans
les provinces les airs & les ma-
nières qui les avoient gagnés
dans la capitale. En fait de
mœurs, ſur-tout dans le point
dont il s'agit, c'eſt une épidé-
mie qui s'étend d'autant plus
dans les nations différentes,
qu'on n'en prévoit pas d'abord
toutes les ſuites & les conſéquences.

_____

(1). Rome, capitale du monde chrétien.

S'il étoit possible qu'il restât du doute, il est tout simple de suivre & d'imiter le parfait modèle. Jesus - Christ avoit des apôtres mariés, & d'autres qui ne l'étoient pas ; il les recevoit chacun selon leur vocation.

C 3

CHAPITRE VI.

Examen plus particulier de la queſtion dont il s'agit.

A-t-on bien réfléchi ſur cette queſtion très-importante? l'a-t-on bien examinée dans toutes ſes circonſtances, & par rapport à la politique, & eu égard à la morale? Y a-t-on penſé très-ſérieuſement depuis le célibat des prêtres généralement obſervé dans l'égliſe romaine? Je ne la trouve traitée nulle part avec quelqu'attention, du moins dans l'intérêt de la po-

litique & des mœurs ; ce qui eſt
cauſe que la ſeule propoſition
de permettre le mariage aux
prêtres qui en ont beſoin, (&
je l'ai éprouvé pluſieurs fois),
révolte d'abord le général des
hommes , quoique d'ailleurs
aſſez habiles gens & avec bonne
intention, qui ne croient poſſible, légitime & régulier, que
ce qu'ils ont toujours vu : tant
il eſt vrai que l'uſage & la force
des préjugés captent & ſubju-
guent à un certain point d'erreur la raiſon des hommes.

Mais dans un ſiècle éclairé,
où l'on imprime ſur tant de
matières , quelquefois inutiles

C 4

ou dangereuſes, il doit être permis d'examiner une queſtion très-importante, dont le réſultat peut conduire à la correction des mœurs, au plus grand bien de la religion, & au bonheur de tous les chrétiens.

Les auteurs qui ont traité cette matière avec le plus de ſoin, ſont le Père Thomaſſin de l'Oratoire, dans ſon ouvrage de la Diſcipline Eccléſiaſtique, & l'abbé Duguet dans ſes Conférences Eccléſiaſtiques (1) ;

_____

(1) *Voyez* la Diſcipline Eccléſiaſtique par le Père Thomaſſin, tom. 2, p. 524 & ſuiv., & les Conférences Eccléſiaſtiques

mais ces deux très-favans théologiens paroiffent n'avoir écrit
que pour nous tranfmettre feulement l'Hiftoire de l'ancienne
& nouvelle difcipline de l'é-
glife, fans s'expliquer expreffé-
ment fur ce qui eft plus avan-
tageux pour les mœurs, ou
du cèlibat des prêtres généralement obfervé, ou de la liberté
du mariage ; l'abbé Duguet,
cependant, paroît pencher pour
le célibat, lorfqu'il veut combattre, fur ce point, la critique
des hérétiques qui fe font fé-

___

de Duguet, tom. 1, pag. 431 & fuiv., &
tom. 2, depuis la pag. 144, jufqu'à la
pag. 152.

C 5

parés de l'égliſe , & peut-être
ne parle-t-il de la ſorte que
d'après ſes forces, ſuivant ſon
cœur, & ſelon ſon zèle ; car,
du reſte , il réſulte de ſa doctrine comme de celle du Père
Thomaſſin , que le célibat des
prêtres n'eſt qu'une ſimple tradition apoſtolique , ſans avoir
été décidé par aucun concile
œcuménique ; quelques différens conciles nationaux en ont
ſeulement traité d'une manière
diverſe ; je vais ſuivre ces deux
célèbres canoniſtes pendant un
inſtant.

J'obſerverai , d'abord , qu'il
eſt aſſez étonnant que ni l'un

ni l'autre de ces deux savans n'ait rien dit de ce qui s'est passé à cet égard au concile de Trente, & d'autant plus qu'ils paroissent n'avoir excepté aucun des conciles où cette question a été agitée ; leurs recherches, sans doute, n'avoient pour but que de nous faire connoître des décisions ; or, c'est ce que l'on ne trouve point à ce sujet dans le concile de Trente. Mes vues politiques m'ont déterminé à rapporter ce que l'on en a vu ci-dessus, chap. 4.

Le Père Thomassin nous enseigne que les prêtres jouisſoient de la liberté du mariage dans les premiers tems de l'é-gliſe, & dans l'Orient, & dans l'Occident, notamment juſ-qu'aux ſixième, ſeptième & huitième ſiècles. Il ajoute que, dans l'égliſe latine, les enfans des prêtres n'étoient point ir-réguliers, pourvu qu'ils fuſſent nés avant l'ordination de leur père : il rapporte l'expreſſion de l'évêque de Veronne, qui ne s'emporte avec aigreur que contre les curés qui rendoient ſucceſſeurs de leurs bénéfices & de leur ſacerdoce les fruits de leur péché, c'eſt-à-dire, leurs bâtards : *Presbyter aut*

diaconus, cùm uxorem legiti-
mam habere non posset, si fi-
lium de ipsa fornicatione, vel
quod pejus est adulterio geni-
tum, facit presbyterum, &c.
Nous allons voir que dans la
suite les enfans des prêtres nés
après l'ordination de leur père,
ne furent pas plus irréguliers
que ceux nés auparavant les
ordres.

En effet, le neuvième concile de Tolède, de l'an 636,
ayant déclaré illégitimes les enfans des prêtres supérieurs nés
après l'ordination de leur père,
cette règle fut particulière à
l'Espagne ; la France se con-

duiſit tout autrement , puiſque la race royale ne les déclaroit pas irréguliers , même pour la royauté.

Les princes ſouverains & temporels ſe mêlèrent auſſi de cette diſcipline de l'égliſe ; Juſtinien ordonna qu'un prêtre marié ne pourroit être fait évêque , mais les réglemens de Léon le philoſophe , qui prétendoient le contraire , prévalurent ſur les loix de Juſtinien , quoique inſérées dans les Baſiliques (1) ; de-là , il ſuit que les ſouverains ,

_____

(1) Nov. 123 de Juſtinien , & la deuxième des nouvelles conſtitutions de l'empereur Léon.

à l'exemple de ces deux empereurs, Justinien & Léon, peuvent fixer, à cet égard, la discipline de l'église dans les pays soumis à leur domination ; en France, sur-tout, où les libertés de l'église gallicane sont toujours demeurées intactes, il ne peut y avoir de difficulté ; & c'est ainsi que Clovis, premier roi chrétien, a commencé, lorsqu'il fit assembler le célèbre & premier concile d'Orléans, où l'on statua que les fils & les petit-fils des ecclésiastiques demeureroient attachés au ministère sacré des autels ; de sorte que leurs enfans succédèrent par la ſuite dans tous les emplois de l'égliſe ; & je ferai voir que les rois de France, depuis Clovis juſqu'à ce jour, ſe ſont toujours maintenus dans la poſſeſſion de fixer la diſcipline de l'égliſe gallicane.

L'abbé Duguet que j'ai annoncé pour deſirer plutôt le célibat des prêtres, lorſqu'il répond aux hérétiques, prouve, d'après la tradition, que le célibat eſt l'état le plus ſaint ; très-certainement, il n'y a point de doute là-deſſus, & c'eſt ce que l'on ne peut raiſonnablement contredire ; mais, ſelon cette même tradition, ce n'a

jamais été que pour le très-
petit nombre de ceux qui en
avoient la grace, & le mariage
a toujours été confidéré comme
un état très-faint & moins dangereux pour tous les autres ;
c'eſt ce qui réfulte de ſa doctrine que je vais compiler, &
qui ſe trouve en tout conforme
à celle du Père Thomaſſin,
malgré ce qu'il raconte, d'après
S. Auguſtin, des prêtres que
l'on faiſoit entrer par force &
violence dans le faint miniſtère, que l'on obligeoit à abandonner leurs femmes légiti-
mes, qui, ſelon le ſentiment
de quelques évêques d'alors, re-

cevoient, dit-il, en même tems les graces néceſſaires à la continence.

Il ne s'agit donc point de rechercher quel eſt l'état de plus grande perfection, il eſt généralement reconnu : mais de trouver, dans les mœurs corrompues, quel a été, dans tous les tems, le moyen le plus efficace de les ramener à la pureté, de vérifier ſi la liberté du mariage, à l'égard des prêtres, peut être permiſe, & ſi cette liberté peut être plus dangereuſe qu'autrefois, & cauſer plus de préjudice à la religion & aux mœurs, que les mauvais

exemples qu'on doit tant craindre ? fuivons l'abbé Duguet
avec fes pieufes intentions.

Dans le premier volume de
fes *Conférences Eccléfiaftiques*,
l'auteur rappelle les difpofitions
de plufieurs conciles, contre
les prêtres qui gardoient chez
eux de prétendues vierges très-
jeunes & très-belles, qu'ils ap-
pelloient leurs fœurs comme
s'ils avoient contracté avec
elles des mariages purement
fpirituels, pour vivre enfemble
dans la continence, mais dont
il rapporte des exemples fcan-
daleux ; fa differtation à cet
égard eft très-longue, & il

appelle ces prêtres *infâmes ori-geniſtes*.

Dans le ſecond & dernier volume, *Diſſertation ſur le dixieme canon du concile d'An-cyre*, l'auteur parle de la diſ-penſe de ce concile pour ma-rier les prêtres, & des termes exprès du concile de Néocé-ſarée à cet égard, & il en rap-porte pour preuve l'exemple de S. Grégoire l'ancien, père de S. Grégoire de Naziance qui fut fait évêque en 327, dont la vie de S. Grégoire le père fait mention de la naiſſance de ſon fils, S. Grégoire de Na-ziance, à la fin de la même

année ou au commencement de
328 ; d'où la conséquence, dit-
il, est aisée à tirer, & il lève
toute espèce de doute par la
naissance de S. Césaire, frère
cadet de S. Grégoire de Na-
ziance. Il observe que les prêtres d'alors n'avoient d'autre
chasteté que celle recomman-
dée aux personnes mariées, selon l'expression de S. Grégoire
de Naziance, qui blâme ceux
qui ne vouloient recevoir le
baptême que de la main de l'é-
vêque ou d'un prêtre continent.

Le treizième concile *appellé*
in Trullo, tenu en 707, défend d'obliger à la continence

les prêtres, les diacres & ſous-diacres mariés avant leur ordination, en ces termes : *Si quis fuerit aceſus præter apoſtolicos canones incitatus, aliquem eorum qui ſunt in ſacris, presbyterorum inquiemus, vel diaconorum, vel hypodiaconorum, conjunctione cùm legitima uxore, & conſuetudine privare, deponetur.* C'étoit en Orient où l'on n'élevoit au ſacerdoce que les enfans des prêtres, de ſorte qu'il fallut des réglemens exprès pour y faire admettre les autres perſonnes qui en avoient le mérite.

Il s'introduiſit dans la ſuite

une autre coutume, qui per-
mettoit aux prêtres de se marier dans les deux premières
années de leur ordination. C'est
ainsi que S. Hilaire fut marié,
il eut une fille appellée *Abre*.

S. Paulin, marié, ne quitta
point sa femme *Tarasie*, ni
après qu'il fut fait prêtre, ni
après être monté à l'épiscopat.

Le concile de Gangre défend
de discerner entre un prêtre
marié & un qui ne l'est pas.
Quelques papes sont descendus
des autres papes par un légitime mariage, telle fut la source
du grand S. Grégoire, dont le
père étoit petit-fils du pape

Felix. Cette doctrine eſt de l'abbé Duguet, qui rappelle auſſi les loix des empereurs Juſtinien & Léon le philoſophe.

Il eſt donc évident que le célibat des prêtres n'eſt qu'une ancienne tradition apoſtolique, que cette diſcipline a varié ſouvent ſelon les circonſtances, & que l'on ne peut ſe tromper en ſe déterminant conformément à la conduite des plus parfaits modèles, & ſuivant le conſeil des loix divines ſur ce point.

S. Pierre lui-même, le premier, le chef des apôtres, étoit marié avant ſa vocation ; il portoit

portoit alors le nom de Simon Pierre; sa femme étoit fille de Zébédée; il est évident que J. C. ne l'a point séparé d'avec elle: car, lorsqu'elle fut couronnée du martyre, l'apôtre la voyant aller au supplice, l'appella de son nom, & lui dit ces paroles: *Ma femme, souvenez-vous de moi quand vous comparoîtrez devant notre Seigneur*; ils eurent une fille qui fut appellée *Pétronille* (1); S. Philippe, apôtre, étoit marié & avoit des enfans; S. André, l'apôtre, & Pierre,

---

(1) *Voyez* le grand Dictionnaire de la Bible, par M. Simon, qui cite plusieurs auteurs célèbres, & sur-tout S. Luc, *chap.* 4.

Tome III. D

ſon frère, qui étoient l'un & l'autre frères de Simon Pierre, chef des apôtres ; épousèrent les deux ſœurs, l'une s'appelloit *Concorde*, & l'autre *Perpétue*. Voilà donc quatre apôtres mariés, & il y a des auteurs qui prétendent que le nombre en étoit plus grand; S. Epiphane y ajoute S. Mathieu & S. Barthélemi.

Après la mort de J. C., les apôtres ont admis indifférémment au ſaint miniſtère les hommes mariés. S. Philippe, qui avoit quatre filles, fut le premier des ſept diacres, & choiſi par les apôtres, pour servir les tables & distribuer les offrandes après l'ascension du Sauveur.

Le Fils de Dieu alloit aux noces, puisque c'est à des noces, au bourg de Cana en Galilée, qu'il changea l'eau en vin. Quelques-uns ont pensé que l'époux étoit Simon le Cananéen, d'autres veulent que ce fut S. Jean l'Evangéliste, mais contre la tradition la plus constante, sans doute, parce que c'est S. Jean lui seul qui parle de ce miracle; quoi qu'il en soit, il est toujours certain qu'il y a eu plusieurs apôtres mariés, & que Dieu favorisoit les mariages de ceux qu'il employoit au faint miniftère (1).

S. Pierre, le fondement de l'églife établi par Jefus-Chrift, & après S. Pierre, plufieurs autres Pontifes, dans la primitive églife, ont ordonné des hommes mariés.

C'eft une chofe remarquable, que le peuple, chéri de Dieu, a toujours eu le mariage en honneur & en recommandation. Les Ifraélites étoient tous mariés & comptoient pour un grand bien la multitude des enfans; les premiers chrétiens,

---

(1) *Ibid.*

& pendant plusieurs siècles, n'ont point perdu cet esprit de saine politique & de pureté dans les mœurs; car ils étoient tous mariés, prêtres & autres, à l'exception de quelques perfonnes privilégiées du ciel : la liberté dans les chofes fpiri-tuelles étoit juftement facrée. Lorfque quelques hérétiques fé-vères voulurent condamner le mariage & défendre les fecondes noces, les pères de l'églife re-levèrent la fainteté du mariage, & s'appuyèrent de l'exemple des apôtres S. Pierre & S. Philippe, qui étoient mariés & avoient des enfans.

Les préceptes de l'éducation des enfans portoient de les marier de bonne heure, pour prévenir la débauche ; & l'on faiſoit la même obligation à ceux qui étoient chargés d'orphelins, on leur impoſoit le devoir de les marier dès le moment qu'ils ſeroient en âge, & plutôt avec leurs enfans qu'avec d'autres : quelle différence de mode dans ce ſiècle éclairé, où l'on viſe cependant à la bonne politique !

Cette obſervation n'a point échappé à un très-célèbre auteur du dernier ſiècle & du plus grand mérite ; il eſt vrai qu'il a paſſé légérement ſur le point

dont il s'agit ici, parce que
la recherche des caufes principales & générales de la dépravation des mœurs n'étoit
pas fon objet, ou parce que,
par état, il avoit penfé qu'il ne
lui convenoit pas de parler en
politique avec une certaine éten-
due (1).

Les pères de l'églife qui fou-
tenoient la pureté de la religion,
relevoient d'autant plus la fainteté du mariage, qu'ils en four-
niffoient eux-mêmes l'exemple;

---

(1) M. Fleuri, prêtre, dans fon ouvrage
qui a pour titre : *Les Mœurs des Ifraëlites &
des Chrétiens*, le même qui avoit donné
précédemment l'Hiftoire Eccléfiaftique.

il y en avoit de mariés. Tertullien, l'un des plus célèbres,
du nombre de ceux que l'on
cite le plus ſouvent dans la
chaire de vérité, celui dont on
a dit *que le génie reſſemble au*
fer qui briſe toūt ce qu'il y a de
plus dur & qui ne plie point (1).
Tertullien étoit marié; écrivant
à ſa femme, il publie le bonheur de ceux dont les mariages
ſont bénis par l'égliſe, parce
qu'il y en avoit alors, comme
aujourd'hui, de toutes les eſ-
pèces (2).

_____

(1) Clément XIV, lettre 116.

(2) *Matrimonii in Deo & in Ecclesia*
quanta felicitas! Tertullien ad uxorem, lib. 11.

Grégoire I, dit *le Grand*, descendoit en ligne directe du pape Felix IV, ce qui suppose que celui-ci étoit marié (1). Dans le septième siècle, le pape, surnommé *Deus-dedit* ou *à Deo-dat*, c'est-à-dire, *à Deo datus*, parce qu'il avoit été élu d'une voix commune, étoit fils d'un sous-diacre qui s'appelloit *Etienne* (2); Théodre, soixante-quinzième pape, étoit fils d'un évêque du même nom, qui fut aussi patriarche de Jé-

_____

(1) *Voyez* l'Histoire des Papes. Il étoit son bisaïeul.

(2) *Voyez* l'Histoire Sainte & Ecclésiastique, par Duverdier, *tom.* 3, *pag.* 70.

D 5

ruſalem (1). Il eſt donc évident par l'hiſtoire, & tous les auteurs ſont d'accord, que les prêtres, les évêques & les papes ſe marioient dans les premiers ſiècles de l'égliſe.

L'égliſe grecque qui fraterniſe avec la latine (2), a ſes prêtres mariés, depuis le ſixième ſiècle, chacun ſelon leur vocation. L'égliſe latine n'en a point fait un motif de chiſme, regardant cet uſage de

(1) Hiſtoire des Papes.

(2) En 1782, j'ai entendu la meſſe d'un prêtre grec à Bordeaux, dans l'égliſe Saint-André, la métropole; il fut aſſiſté dans les cérémonies, qui ſont très-ſimples, par pluſieurs de nos prêtres de l'égliſe latine.

l'églife grecque comme étranger ou indifférent à la foi. Il eft donc également poffible à l'églife latine, elle - même, d'adopter cet ufage pour fes miniftres, s'il eft vrai qu'elle en puiffe tirer de folides avantages.

Et le mariage eft donc un état faint; le célibat, au contraire, quoique plus parfait, eft un état critique pour ceux qui n'en ont pas les graces.

Avant d'établir mon opinion fur cet article, j'ai eu d'abord qnelques fcrupules; mais, quand j'ai confidéré que le très-illuftre & très-célèbre archevêque de

Cambray , M. de Fénelon ,
avoit dit des choſes plus fortes
des eccléſiaſtiques ſans vocation , & fait comprendre , par
des réticences , que le plus grand
relâchement des mœurs vient
de leur exemple (1) , j'ai cru
que, dans un ſyſtême de légiſla-
tion , on devoit développer
toutes les cauſes qui peuvent
conduire au crime , afin de les
prévenir ; & que, dans une nation , très-chrétienne , on ne
devoit rien craindre à poſer

---

(1) *Voyez* la relation du voyage du
prince de Montberaud, dans l'île de Naudaly,
par l'auteur des *Aventures de Thélémaque*,
page 46.

pour principe les maximes sa-
crées de la nouvelle alliance de
Jesus-Chrift. Or, voici le texte
sacré :

« Il faut donc qu'un évêque
» n'ait époufé qu'une femme,
» qu'il foit fobre, prudent,
» honorable, chafte, amateur
» de l'hofpitalité, capable d'en-
» feigner, qu'il gouverne bien
» fa famille, que fes enfans
» foient obéiffans & très-
» chaftes. Que fi un homme
» ne fait pas gouverner fa propre
» famille, comment aura-t-il
» foin de l'églife de Dieu? Que
» les diacres n'aient été mariés
» qu'une fois, qu'ils conduifent

» bien leurs enfans & toute
» leur famille (1) ».

 Le ſaint apôtre, parlant des
femmes des prêtres ou diacres,
s'exprime ainſi : « Que les
» femmes auſſi ſoient chaſtes,
» qu'elles ne ſoient point mé-
» diſantes, mais ſobres & fidelles
» en toutes choſes ».

 Saint Paul, conſulté par les
Corinthiens ſur la queſtion du
mariage, leur répond que, quoique le célibat ſoit préférable
pour quelques-uns & pour lui-
même, ils ne doivent s'y en-

---

(1) S. Paul à Timothée, épître première,
chap. 3, *v.* 4, 11, 12.

gager témérairement : « Je de-
» sirerois, leur dit-il, que vous
» fussiez tous comme moi ; mais
» Dieu distribue ses dons à
» chacun différemment ; que
» ceux qui ne peuvent garder
» la continence se marient,
» parce qu'il vaut mieux se
» marier que brûler ; que
» chacun donc demeure dans
» l'état où la vocation de Dieu
» l'a trouvé, c'est la règle
» que je prescris à toutes les
» églises (1); il est évident qu'il
» parle à des prêtres.

---

(1) S. Paul aux Corinthiens, épître première, chap. 7, v. 7, 9 & 17.

Cependant ces conſeils, auſſi ſaints que ſalutaires, n'ont pas toujours été ſuivis, & voilà la cauſe de la dépravation des mœurs, & des malheurs que nous voyons; mais n'en ſoyons pas étonnés, puiſque Dieu l'a prévu lui-même, & qu'il nous en avertit par l'organe du même apôtre : « Le Saint-Eſprit dit » clairement que, dans les tems » à venir, quelques-uns renon- » ceront à la foi, écoutant des » eſprits d'erreur & des doc- » trines de démons enſeïgnées » par des hypocrites qui prêche- » ront le menſonge, dont la » conſcience leur reprochera des

» crimes infâmes qui interdi-
» ront le mariage, &c. (1) »;
ce qui prouve au moins le cas
que l'apôtre faifoit du facre-
ment.

N'imputons cependant qu'à
l'ignorance & aux fiècles grof-
fiers, des abus qui ont duré,
fans doute, trop long-tems,
dont la fource vient de la ma-
lice de quelques-uns, puifque
le Divin Légiflateur nous en
prévient, qui fe font continués
par le defir d'atteindre à l'état
de plus grande perfection dif-

_____

(1) S. Paul, première épître à Timothée,
chap. 4, *v.* 1, 2 & 3.

tingué par ſaint Paul, mais réſervé pour un très-petit nombre. Contentons-nous, dans ce ſiècle plus éclairé, de mieux ſentir les ſublimes vérités ſans nous égarer, en profitant des préceptes qui procurent les moyens de rectifier nos mœurs, & même de les ſanctifier ſi nous les avons toujours préſens. Félicitons-nous de reconnoître que le droit poſitif des ſouverains & des nations, qui eſt toujours la voie la plus courte, peut faciliter cette reſſource pour l'intérêt de la politique des états, pour l'avantage de celui qui en profitera le pre-

mièr, pour le bonheur de tous
les autres dont il deviendra le
modèle, enfin pour le bien général de tous les fidèles, qui
feront moins expofés aux mauvais exemples.

S'il eft donc, je le répète
encore, un état plus faint que
celui du mariage, & c'eft fans
contredit le célibat, ce n'eft
très-certainement que pour le
petit nombre de perfonnes privilégiées qui en ont reçu les
graces particulières ; & c'eft
ce qu'il faut laiffer à la providence avec la liberté de la vocation, comme a fait l'Homme-
Dieu pendant fon féjour fur la

terre, afin de n'expoſer, ou
ce qui eſt encore bien plus terrible, afin de n'induire perſonne
à erreur.

CHAPITRE VII.

De l'autorité des souverains sur la question dont il s'agit.

LES souverains peuvent opérer cette avantageuse révolution aussi facilement que lorsqu'ils ont fixé l'âge pour la vocation des religieux : la liberté dans les choses spirituelles paroît, sans doute, quelque chose de bien plus sacré ; cependant que l'on ne se méprenne pas sur cette proposition, la liberté des citoyens est toujours dépendante de l'art politique ;

& ce n'eſt qu'après qu'il eſt ſa-
tisfait, qu'ils peuvent à leur gré
diſpoſer d'eux-mêmes ; parmi
des êtres raiſonnables la liberté
conſiſte à ne dépendre que des
loix.

Le point que je rappelle ici,
eſt encore moins ſuſceptible de
critique, puiſque le mariage
des prêtres n'eſt point proſcrit
ſelon le droit divin, ſi ſaint
Paul étoit un auteur inſpiré,
comme on n'en peut raiſonnablement douter. Ce point exé-
cuté pendant les premiers ſiècles de l'égliſe, n'a pu ſe preſ-
crire par quelques ſiècles d'ignorance ; de ſorte que plus l'on

eſt chrétien , plus l'on doit ſuivre la doctrine de ſaint Paul , & faire enſorte d'en voir rétablir la pureté par les effets ; & ſi l'égliſe latine n'a point proſcrit dans l'égliſe grecque l'uſage du mariage ; ſi l'égliſe primitive offre de grands exemples à l'appui du mariage des prêtres, on voit tout ce que les ſouverains, catholiques ont de facilité à l'établir.

Mais qu'ai-je beſoin de m'élever ſi haut pour étayer mon opinion ? Il ſuffit de parler en politique, de réclamer les bonnes mœurs , la population & la bonne éducation de la jeuneſſe.

L'égliſe gallicane, qui fait véritablement partie de l'égliſe univerſelle de Jeſus-Chriſt, & qui ne reconnoît d'infaillible que ce qui émane de ce tribunal ſuprême, s'eſt prêtée à d'autres points qui n'ont que la politique en égard; ici la politique & la religion concourent.

Je pourrois facilement prouver que les rois de France ont le droit & ſont en poſſeſſion, depuis Clovis le Grand juſqu'à ce jour, de faire des loix & des édits pour le réglement de la diſcipline eccléſiaſtique; c'eſt ainſi que Clovis fit

fit affembler, de fon autorité, le célèbre concile d'Orléans, où l'on ftatua, comme on l'a déjà vu dans le chapitre précédent, que les enfans des prêtres fuccéderoient aux emplois de leurs pères dans l'églife : on en trouve dix convoqués par l'ordre & fous les rois mérovingiens ; les auteurs en citent bien plus. Sous la feconde race, Charlemagne, Louis le Débonnaire & leurs fucceffeurs, ont fait des capitulaires qui règlent la difcipline eccléfiaftique. Lothaire, roi des Lombards, a fait des loix que les papes ont inférées dans leurs décrets.

Tome III. E

Je me contenterai de rapporter le témoignage authentique
des capitulaires de Carloman,
qui montre non-ſeulement l'autorité qu'il avoit de régler la
diſcipline de l'égliſe & de convoquer des conciles, mais de
faire tenir, en ſa préſence, des
ſynodes pour nommer des évêques, dégrader des prêtres d'un
faux titre uſurpé, & de les pu-
nir : « *Recenſitum*, dit-il, *ſa-*
» *cerdotum & optimatum mo-*
» *rum ordinamus per civitates,*
» *epiſcopos ſtatuimuſque per*
» *ſingulos annos ſynodum con-*
» *gregare, ut nobis præſen-*
» *tibus canonum decreta & ec-*

» *clefiæ jura reftaurentur & re-*
» *ligio chriftiana emendatur;*
» *falfos verò præsbyteros &*
» *adulteros , vel fornicatores*
» *diaconos & clericos degre-*
» *diantur, & pœnitentiam co-*
» *guntur* ».

C'eft cette autorité royale
pour la manutention de la difcipline eccléfiaftique , qui eft
la fource de nos libertés gallicanes, parce que nos premiers
monarques, & les premiers rois
chrétiens , dont les autres de
l'Europe auroient dû fuivre
exactement le modèle, ayant
pris un foin tout particulier
dans la première, ferveur de

leur piété, de régler cette difcipline eccléfiaftique dans leur
état fuivant les anciens canons
des premiers conciles, les dé-
cifions de l'églife, autorifées de
la loi féculière, font demeurées
inviolables ; & la France, s'é-
tant toujours maintenue avec
fermeté dans cette police uni-
forme , appuyée des ordon-
nances du prince, n'a point
fouffert toutes les innovations
que "utilité particulière des pon-
tifices a introduites parmi d'autres peuples qui ont eu la foi-
blefle de le fouffrir.

C'eft encore ainfi que la puif-
fance paternelle demeure ref-

pectée chez les François, par les mineurs de vingt-cinq ans à l'égard des mariages, malgré les dispositions du concile de Trente, & beaucoup d'autres points essentiels à la politique, aux mœurs, à la discipline de l'église & au bien de la religion; & voilà précisément ce que c'est que nos libertés gallicanes (1).

_____

(1) *Voyez* les sentimens de Gerson, de la Sorbonne & des prélats de France, contre les canonistes italiens, & sur-tout contre Bellarmin, dans l'ouvrage qui a pour titre : *Le Bouclier de la France*, touchant les différens des rois de France avec les papes, imprimé à Cologne en 1691.

CHAPITRE VIII.

Des curés dans les colonies.

LES voyageurs nous rappor-
tent qu'il n'y a preſque point
de religion dans toutes les colonies, ou qu'elle y eſt nulle
à défaut de prêtres ſéculiers ;
on y envoie quelques moines,
qui ſont bien aiſes de ſecouer
le joug de l'obéiſſance, & dont
les communautés ſont charmées
de ſe défaire, ou quelques au-
môniers qui ont ſervi dans les
régimens ou ſur les vaiſſeaux
du roi, tous gens qui ne de-

firent que l'indépendance ; ils poſsèdent les cures , & ont la charge avec la direction des ames.

Ne voyant plus perſonne qui leur en impoſe & qui leur commande, dans un pays qui eſt une eſpèce de paradis ter- reſtre , où l'on mange ſouvent le fruit défendu , où le ſerpent prêche continuellement l'amour des richeſſes & des plaiſirs, & où la chaleur du climat fait bouillonner les paſſions ; ils ſont bientôt infectés des mœurs qui les environnent, s'ils ne les avoient déja contractées.

Cependant , & ce qui eſt

E 4

bien humiliant, pour les chrétiens, c'eſt que s'il y règne
quelque religion, elle ſe trouve
plutôt chez les nègres ; tant il
eſt vrai, que, ſans doute, par
une juſte providence, tout ce
qui s'appelle peuple, eſt toujours plus religieux, comme
une punition de l'indocilité des
gens inſtruits qui manquent de
foi ; ou dans le cas dont il s'a-
git ici, pour juſtifier le motif
qui nous force d'aller chercher
ſi loin ces malheureux, & de les
tenir eſclaves entre nos mains ;
quoi qu'il en ſoit, admirons les
reſſorts ſecrets & impénétrables
de la Providence, qui a tou-

jours fon but, quand elle fait mouvoir la politique des nations.

Les loix criminelles, à l'é-gard de ceux-ci, doivent être différentes en proportion de ce qu'ils diffèrent des autres hommes ; c'eft ce que nous avons diftingué à l'article des peines.

Si les prêtres étoient mariés, il fe préfenteroit plus de fujets, & il ne feroit pas difficile de choifir des hommes pieux & très-favans, remplis de zèle & de charité, qu'on enverroit dans les colonies. Ils partiroient pour deux puiffans motifs ; le premier, comme de nouveaux miſſionnaires pour faire propager la foi & la religion ; & le ſecond, pour l'avantage de leurs enfans, qui, ſous leurs yeux & ceux d'une mère ſage, tendre & attentive, pourroient entreprendre un commerce honnête, & faire voir que la bonne foi, dans le commerce, ſe fait reſpecter, en même tems qu'elle attire la confiance, ce qui eſt le grand moyen du ſuccès.

Dieu ſeroit ſervi & adoré partout ; & les mœurs, dans tous les pays, ſeroient ce qu'elles doivent être, ou du moins, deviendroient meilleures.

CHAPITRE IX.

De l'exemple des ministres de la religion dans toutes les sectes.

L'EXEMPLE des ministres de la religion opère toujours des effets prodigieux, & dans quelque secte que ce soit.

Il y a environ trente ans qu'il parut un ministre protestant dans une province méridionale de France, où les protestans d'alors n'en avoient peut-être jamais vu : cette nou-

E 6

veauté ranima le zèle de tous les proteftans du pays, & même de fort loin ; le miniftre étoit fuivi par-tout, & avoit un cortége de prince pour le raffurer ; il étoit reçu & fêté magnifiquement dans les meilleures maifons, qui fe le difputoient, tous les dimanches & dès la veille ; les chemins, nuit & jour, & dans les tems les plus affreux, étoient remplis de monde qui venoit de très-loin pour l'entendre prêcher, hommes & femmes, jeunes & vieillards, à pied & à cheval, tous embarraffoient les paffages.

·· Pendant fix années que ce miniftre affeéta une conduite régulière , il reçut de toutes mains des fommes immenfes ; il avoit adopté particulièrement la maifon d'un feigneur très-riche , où il fe tenoit le plus fouvent : lorfqu'il crut fa fortune faite , il débaucha dans cette maifon d'hofpitalité , pour tous ceux qu'on croyoit vertueux , une jeune femme de chambre de l'âge de dix-huit ans , qu'il rendit enceinte.

On voulut bien , par charité & par politique , taire cette aventure autant qu'il étoit poffible ; mais elle fit éclat , parce que trop de perſonnes en eurent connoiſſance, & qu'on étoit habitué à parler ſouvent de cet homme fameux.

Toutes les égliſes proteſtantes furent auſſi-tôt déſertes; il vint enſuite quelques autres miniſtres pour remplir la même chaire, mais ils furent reçus bien différemment; ils ont été obligés de vivre à leurs dépens dans des auberges pendant pluſieurs années avec des appointemens bien médiocres, & s'ils ont réuſſi à raſſembler le troupeau diſperſé, il leur a fallu un zèle vraiment courageux.

Ce ſcandale produiſit, cependant, un bon effet ; le zèle des protestans alloit jusqu'au fanatisme, ils exposoient mal-à-propos leur santé, leur fortune & leur vie. Les fanatiques devinrent plus raisonnables ; mais la religion protestante y perdit beaucoup dans cette contrée, soit par l'effet de la perte subite d'un zèle qui paroissoit aussi fervent, soit par le relâchement des mœurs de quelques protestans incontinent après. Je ne veux pas dire toutefois que cet exemple ait porté sur des hommes qui font affez décidés, pour n'avoir pas befoin de modèle en bien ou en mal.

Elle y auroit gagné conſi-
dérablement, & les miniſtres
ſucceſſeurs, ſi le raviſſeur eût
épouſé la fille qu'il avoit ſéduite ; on auroit alors regardé
ſa faute comme une foibleſſe de
l'humanité qu'on auroit excu-
ſée, en admirant la réparation,
ſur-tout, s'il avoit pratiqué lui-
même la maxime que je lui ai
vu faire mettre à exécution en
pareille circonſtance ; car, je
ſuis allé l'entendre ſur le bruit
de ſon éloquence que je ne trou-
vai pas merveilleuſe comme on
l'annonçoit ; avant d'impartir
la bénédiction nuptiale à ceux
qui avoient fait la même chûte,

il exigeoit d'eux de fe retour-
ner devers l'affemblée, & de
demander, l'un après l'autre,
à haute & intelligible voix, par-
don du fcandale qu'ils avoient
caufé ; mais l'hypocrite étoit
bien loin de ces principes, il
avoit la maxime fur les lèvres
& non dans le cœur.

Il me paroiffoit, en effet,
exiger trop pour être vraiment
fincère ; c'étoit une pratique
fauffe & dangereufe, capable
quelquefois de retenir long-
tems les parties dans le péché,
par refpect humain ; Dieu n'exige pas toujours des réparations
publiques, & fur-tout lorf-

qu'elles peuvent devenir plus
ſcandáleuſes que l'offenſe, par
la publication qui apprend ſouvent ce que l'on ignore. Voilà le
danger de l'arbitraire, quand la
diſcipline n'a pas un centre d'u-
nité. Puiſſe la raiſon, dans ce
ſiècle éclairé, bannir, proſcrire
& anéantir les argumens ſub-
tils, & réunir tous les chrétiens
qui n'ont qu'un ſeul & même
but, & qui vivent ſous la même
loi divine!

Que l'on n'eſpère jamais de
bonnes loix, ou du moins des
loix efficaces, ſi l'on ne déra-
cine les cauſes des vices. Ce
doit être le prélude de toute

fage légiflation : or, le refpect
de la religion , & l'honneur
qu'on doit à fes miniftres, font
le point principal ; ce n'eft que
par-là que l'on peut rectifier
les mœurs, & ce n'eft qu'après
la correction des mœurs que
l'on peut efpérer des loix plus
fimples, ce qui eft la marque
infaillible de l'amendement d'un
peuple.

Le fyftême que j'établis ici
eft fi néceffaire & fi certain,
que j'ofe prédire qu'il fera adopté tôt ou tard , & que l'on
regrettera de l'avoir auffi long-
tems négligé. Ma confiance eft

puiſée dans le texte ſacré, où
je renvois ceux qui ne ſeroient
pas convaincus par mes raiſon-
nemens.

CHAPITRE X & dernier.

Du sentiment des Prélats sur cette Digression.

LE haut clergé & les prélats françois, ces illustres & très-dignes pères de l'église galli-cane, qui en ont toujours été le solide bouclier, contre les entreprises de quelques Ultra-montains, ces hommes respec-tables qui font les puits de la vraie science, qui maintiennent la force de la religion par la pureté de la doctrine, & qui gémissent sur les mœurs qu'ils

voudroient corriger , n'incul-
peront pas , ſans doute , un
principe que je n'ai établi que
dans la même vue , & que j'ai
copié dans le livre de la vérité,
d'après le ſublime auteur qui
étoit l'organe de celui qui n'a
paru , dans ce monde , que pour
l'annoncer à tous les hommes
& pour leur bonheur éternel.

S'ils conſultoient ſur - tout
leur intérêt particulier , leur
gloire , l'autorité de la préla-
ture , ils approuveroient mes
propoſitions ; mais ce n'eſt pas
ce qui les occupe , ils ne voient
que le bien général de l'égliſe
& le ſalut des chrétiens.

Cependant, de ce côté, ils appercevront que les chofes rentreroient dans l'ordre, les biens de l'églife feroient plus véritablement hors du commerce, les réfignations tomberoient néceffairement avec bien d'autres abus, les prélats & les patrons feroient de concert collateurs de tous les bénéfices, les patrons conferveroient leur droit de préfentation, & les ordinaires n'accorderoient l'inftitution canonique qu'aux prêtres dignes & capables, ils placeroient la fcience & les talens dans les lieux convenables, pour les faire plus avantageufement fructifier.

Ainſi, lorſque le paſteur d'un troupeau, fatigué ou accablé d'années, voudroit faire ſa retraite & retenir une penſion ſur ſon bénéfice, ce qui eſt très-juſte après le tems fixé par les loix canoniques (1), ce ne feroit pas lui qui choiſiroit arbitrairement pour ſon ſucceſſeur ou un parent incapable, ou un indigne qui auroit capté ſon eſprit; il jouiroit de ſa penſion, mais l'égliſe diſpoſeroit de tout le reſte, ſelon les règles vraiment canoniques.

Il réſulteroit encore que quel-

_____

(1) 14 ans.

ques

ques maximes de la pragmatique fanction, & fur-tout du
concordat où l'on profita des
circonftances critiques où fe
trouvoit alors le roi François I,
deviendroient nulles ou de nul
effet, ce qui paroît, en bonne
politique, un point de vue à
faifir de la part du monarque,
pour rentrer dans fes droits,
rétablir l'ordre dans l'intérêt du
royaume, & pour le bien de fes
fujets.

Le clergé de France, tou-
jours occupé du bien de la religion, qui fent mieux que tous
les autres états du royaume,
qu'à défaut de miniftres, elle

perd beaucoup ; qu'en procurant le bonheur éternel, elle
fait en même tems la félicité
de ce monde par l'ordre qu'elle
maintient parmi les hommes,
ce qui aſſure d'autant plus la
durée des nations & des em-
pires; le clergé, toujours ſage
& prévoyant, vient, dans ſa
dernière aſſemblée, de ſollici-
ter de la bonté du prince la
déclaration du 27 ſeptembre
1786, qui augmente de deux
cents livres les portions congrues; cette nouvelle fixation
s'annonce viſiblement, pour déterminer à la prêtriſe un plus
grand nombre de ſujets, s'ap-

percevant que les religieux, miniftres auxiliaires de l'églife,
s'éteignent fenfiblement, & ne
peuvent plus lui rendre affez de
fecours.

Car, il n'y a pas très-long-
tems de l'édit de mai 1768,
qui les avoit fixées à 500 liv. ; &
depuis cette époque les révolutions fur les denrées font peu
confidérables. Cinq cents livres,
le cafuel, le logement, un jar-
din dans prefque tous les pref-
bytères , & quelquefois un
champ ou un pré limitrophe
aux cimetières ; un *congruifte*
a tant d'autres reffources, lorfqu'il eft doux & humain avec

tous ſes paroiſſiens, & ſur-tout
s'il ne ſe mêle que de ce qui le
regarde ; que tous ces moyens
formoient un revenu d'environ
huit à neuf cents livres, qui,
dans les provinces & les campagnes, où les choſes pour la
vie ſont plus communes, &
par conſéquent moins chères
que dans les villes, ſuffiſoit
clairement pour l'honnête en-
tretien d'un prêtre modeſte.

Mais il n'y en avoit pas aſſez ; quel moyen, dans ce ſiècle,
d'obtenir un nombre ſuffiſant
de miniſtres, ſi ce n'eſt en leur
procurant une vie plus com-
mode & plus douce ? Il eſt cer-

tain que mille livres au moins
de revenu pour les plus pauvres
des prêtres, font un fort avan-
tageux dans les campagnes pour
beaucoup de gens fans autre
reſſource auſſi aſſurée, & dans
un état où l'on travaille peu,
du moins de la manière dont la
plupart s'en acquittent ; ce trai-
tement doit évidemment procurer aujourd'hui beaucoup plus
de prêtres : il eſt préférable, ſans
contredit, à celui d'un officier
d'infanterie qui n'a que 500 l.
de penſion pour joindre à ſes
appointemens, & le plus grand
nombre ne les a pas.

S'il ne falloit que des prêtres,

F 3

voilà, ſans doute, le vrai moyen
employé ; mais ce ſont de *bons*
prêtres dont on a beſoin, &
dont le bon exemple puiſſe corriger les mœurs, qui ſe dépra-
vent de plus en plus ; car ce
n'eſt qu'après cette révolution,
ineſpérée ſans cela, qu'on peut
avoir des loix efficaces.

Mais le clergé, cette illuſtre
aſſemblée de ſages & de ſavans,
ne pouvôit rien de plus. L'autre
moyen que j'ai fait reconnoître
appartient inconteſtablement au
ſouverain ; c'eſt un objet politique, qui, quoique orthodoxe
dans la doctrine, & indiqué
par le ſaint apôtre aux prêtres

corinthiens qui le confultoient
fur ce point, ne pouvoit cependant être mis en avant par
une affemblée nationale du clergé qui a tant d'égards à garder, dans un fiècle où la ma-
lice interprête fauffement les
intentions les plus faintes. C'eft
ainfi que le célèbre Fleury, que
j'ai déja cité, qui a relevé avec
tant d'éloquence la fainteté du
mariage des premiers chrétiens
dans tous les états, n'eft pas
allé plus loin, & ne s'eft pas
expliqué plus clairement fur ce
point très-délicat.

Auffi, je ne crains point que
le clergé françois, que ces pré-

lats, auſſi philoſophes que pieux, puiſſent ſe ſcandaliſer de ce qu'un citoyen, qui a la meilleure intention, ait relevé une vérité perdue dans les ſiècles d'ignorance, vérité qui touche eſſentiellement au droit politique, par rapport à la population & aux mœurs, dans un ſiècle, ſur-tout, où elle paroît la ſeule reſſource pour les corriger & procurer de bons exemples.

Le clergé ſent plus parfaitement que je ne l'explique, que, dans un ſiècle éclairé, où le peuple ſait tirer des conſéquences de tout ce qu'il voit, il faut abſolument ramener le bon exemple , ou tout eſt perdu. L'eſprit d'ordre n'entrera jamais dans la penſée du peuple , ſans le ſecours de la religion ; heureuſement ce peuple y eſt toujours diſpoſé par un effet admirable de la Providence , peut-être, parce qu'il eſt incapable d'autres réflexions , qui doivent déterminer à la juſtice tous ceux qui ſavent penſer.

Il faut donc ne pas perdre de vue ces bonnes diſpoſitions du peuple , & lui procurer les bons exemples dont il a toujours beſoin.

Je ſuis, d'ailleurs, ſi perſuadé

de l'opinion du clergé de France, que je me flatte qu'il ne blâmera jamais toute bonne intention bien caractériſée.

Il me ſemble qu'il ſeroit important de rapprocher les chrétiens autant qu'il eſt poſſible; ils s'uniront infailliblement lorſque la raiſon étouffera l'eſprit de parti, lorſqu'ils s'entendront, & ils s'entendront quand les diſtinctions ſubtiles ſeront mépriſées des ſages & des ſavans; & c'eſt ce qui doit arriver dans un ſiècle éclairé.

Je me trouve fort à l'aiſe quand je parle à des ſavans qui aiment la vérité & qui la prêchent toujours ; je m'explique avec plus de liberté, parce que je compte beaucoup fur leur indulgence fi je viens à me tromper. Ainfi, j'efpère que l'on me paffera une courte digreffion en faveur de ceux qui étudient plus que les autres. Je fuis fort étonné que le clergé ait oublié les gradués, & dans l'édit de 1768, & dans la déclaration du 2 feptembre 1786.

Car, fi les révolutions fur les denrées ont opéré la néceffité d'augmenter les portions congrues, il y a même raifon en faveur de *la réplétion* des gradués qui, dans quelques par-

F 6

lemens, eſt fixée à 400 livres, & en d'autres à 600 livres.

Il eſt juſte qu'un gradué vive en attendant ſon expeƈtative, & il convient qu'il ne reſte pas oiſif; il réſulte, cependant, qu'il eſt rempli de la plus petite portion des prêtres ſans grades, & quelquefois ſans étude réelle.

Cet oubli ne pourroit-il pas nuire au progrès de la ſcience & de la doƈtrine? Je conviens avec tout le monde qu'il y a toujours eu plus de doƈteurs que de doƈtes; mais il eſt très-vrai de dire que, dans le nombre des étudians qui aſpirent aux grades, les uns ont pour

objet un bénéfice, & que, dans
ce nombre, il en eft qui em-
ploient leur tems utilement à
l'étude, ce qui a procuré des
favans & de grands hommes à
l'églife ; je conviens auffi que
l'expectative des gradués a beaucoup perdu depuis la fuppreffion
des mois de rigueur, quant aux
bénéfices-cures ; néanmoins,
on voit encore tous les jours
des exemples du bien qu'elle fait
à quelques gradués.

Je crois que l'on ne devroit
rien laiffer perdre de ce qui peut
encourager à l'étude, au travail,
& procurer d'habiles gens. Les
congrues étant fixées à 700 l.,

là réplétion des gradués devroit l'être au moins à 800 l.;
mais les grades ne devroient
pas être prodigués à tant de
profanes (1), il faudroit que
les examens fuſſent réels, ou
du moins plus réels.

Avant de terminer ce cha-
pitre, je dois prévenir que, ſi
dans l'article où je traite des
cauſes générales de la dépravation des mœurs, j'ai rapporté
des exemples frappans; je l'ai
cru néceſſaire pour faire ſentir plus fortement le danger du
mauvais exemple de ceux qui,
par état, fixent ſur eux les re-

_____

(1) J'entends parler des ignorans.

gards du public, & afin de déterminer plutôt la révolution que je defire dans les mœurs, ce qui ne peut arriver que par un examen fcrupuleux dans le choix des fujets, & ce choix ne peut fe faire que lorfqu'il y aura grand concours ; or, ce concours nombreux paroît in-faillible, lorfqu'on fuivra le con-feil de S. Paul, comme on le pra-tiquoit dans la primitive églife, avant les fiècles d'ignorance.

Au furplus, on n'y voit rien de perfonnel, le vice feul eft découvert pour ramener la ver-tu en fa place ; le faint minif-tère eft toujours refpecté ; le

mépris ne retombe que ſur les
prévaricateurs, dont l'exemple
eſt contagieux ; il ſeroit abſurde
de propoſer des remèdes avant
que d'être aſſuré qu'il y a des
maladies qui les demandent, &
de s'effrayer ſans être convaincu
de quelque danger , de ſorte
que je devois en rapporter des
preuves. L'intention eſt mani-
feſte ; les bonnes mœurs, le
plus grand reſpect pour la religion, & de faire honorer ſes
miniſtres, qui doivent l'être en
proportion, depuis le premier
juſqu'au dernier.

Un citoyen zélé qui parle en
politique, qui traite des mœurs,

pour obtenir des loix efficaces,
peut incontéstablement en examiner les caufes ou les rapports,
fans s'attirer ni blâme, ni reproche, ou du moins fans mériter ni l'un ni l'autre, ou il
vaut autant dire, qu'un chrétien
doit fe vouer à l'ignorance, renoncer au bon fens, & con-
trarier les plus fûrs principes
de fon éducation. Cependant,
quel contrafte! tous les fages
prônent la force de l'éducation,
& ceux qui penfent le plus pro-
fondément la defirent meilleure; on lui impute la plupart des
malheurs qui nous troublent &
nous affligent. Matière impor-

tante, fans doute, puifque tant
de grands hommes l'ont traitée
diverfement, & reconnoiffent
qu'en effet, le bonheur & l'harmonie des états en depend!
peut-être, tous fes rapports ne
font-ils pas encore affez déve-
loppés ou fentis? Le texte facré
nous dit *que la vérité peut fortir*
de la bouche des plus fimples;
c'eft ce qui m'a encouragé à
expofer mes idées fur cette matière auffi délicate que précieufe.
Si je me fuis égaré, ce ne peut
être que de très-peu; car, j'ai
fait les trois quarts du chemin
avec une bouffole infaillible.

Fin du troifième & dernier Volume.

TABLE
DES MATIÈRES

Contenues dans les trois Volumes de cet ouvrage, par ordre alphabétique.

Le chiffre romain marque le Tome, le chiffre arabe marque la Page.

A.

Adultère, de l'], I. 185.

Ame, l'] s'accoutume aux excès de cruauté par l'habitude d'en voir, I. 69 & *suiv.*

Anatomie, l'] des cadavres suppliciés est dangereuse aux jeunes gens, I. 50.

Apôtres mariés, III. 82 & *suiv.*

B.

Bail à vie, II. 255 & *suiv.*

Bannissement, du] I. 182.

Bateliers, des] II. 4.

Bonheur, du vrai], II. 439.

Bourreaux, des] I. 43.

Bourreaux, les] ne font plus des hommes, l. 65.

C.

Cachet, des lettres de], II. 428.

Cachots, des], I. 193.

Célibat, du] des prêtres & des militaires, III. 1 & *suiv.*

Colléges, des], II. 225.

Colporteurs, des], II. 36.

Commandemens, dans les] dont la gloire & les fautes fe partagent entre tous, chacun fe relâche, I. 224.

Compagnons, des] gens de métier qui font en tour de France, II, 46.

Congrues, des portions] III. 121.

Conspiration des nègres contre les blancs à la Martinique, II. 409 & *fuiv.*

Contrats, des] de vente à fonds perdu, II. 248, nuifibles & dangereux, voyez tout le chapitre.

Coquins, les] ne confidèrent point les différens fupplices, ils n'envifagent que le fuccès, I. 27.

Crimes, il s'en commet moins en Europe depuis cinquante ans. Cette heureufe révolution eft due aux mœurs plus douces, & les mœurs plus douces font dues à la philofophie & à la religion mieux entendue, I. 22 & *fuiv.*

Criminels, les] font des fols qui doivent être traités comme tels par ceux qui font fages, ils peuvent revenir de leur folie & mériter encore, I. 73 & *fuiv*.

Curés, des] dans les colonies, III. 102.

D.

Danger de laisser subsister les bourreaux dans la société, I. 52 & 54.

Danger de laisser voir les supplices dans les places publiques, I. 51 & *fuiv*.

Délits, deux] simples ne méritent point une peine capitale; c'est une inconséquence monstrueuse, I. 190 & *fuiv*.

Déferteurs, des], I. 208.

Defir, le] de plaire chez les femmes est un besoin de la nature, I. 348.

Différence de l'ouvrage de M. de Montesquieu & de celui de M. de Beccaria. Discours préliminaire, I. XIX.

Différence des foldats françois & allemands, I. 268 & *fuiv*.

Difcipline, la] militaire peut. n'être pas la même dans tous les régimens, exemple à cet égard, I. 277 & *fuiv*.

Difcipline, la] de l'églife a été réglée en certains tems par les empereurs; il y a des loix de Juftinien à cet égard qui ont été inférées dans les Bafiliques, celles de Léon le philofophe étoient contraires, mais elles prévalurent, III. 62.

Difcipline, la] de l'églife a été réglée plufieurs fois en France par les monarques ou par leurs ordres, ou en leur préfence, III. 93 & *fuiv*.

Domeftiques, des] d'auberges, II. 57.

E.

Economie, de l'] dans les frais de procédure, II. 421.

Education, de l'], II. 215.

Education, de l'] des colléges, II. 225.

Education, de l'] des loix, II. 245.

Education, courte maxime d'] mal enseignée, II. 264 & *suiv.*

Education, traité parfait & complet de l'], II. 219 & *suiv.*

Eglise, l'] fournit moins de grands hommes dans ce qu'on nomme le bas clergé, que les autres états, exception faite de l'Italie ; raisons de cette différence de l'Italie aux autres pays catholiques, II. 242, & III. 16.

Eglise, l'] grecque fraternise avec la latine, & les prêtres s'y marient, III. 82 & 95.

Egoïsme, l'] est dangereux, c'est une illusion de l'esprit & du cœur, II. 250.

Egoïsme, ce que c'est, sa définition, II. 458 & *suiv.*

Enquêtes

Enquêtes secrètes, enquêtes sommaires, II. 294 *& suiv.*

Esprits, il y a des] si mal faits, qu'on a de la peine à les faire consentir d'être plus heureux. Discours préliminaire, I. xxxij.

Esprits forts culbutés, la matière ne pense plus, la nature a un maître, I. 25.

Evêques mariés, III. 80 *& suiv.*

Exemple, de l'], II. 113.

Exemple de deux prétendus usuriers, qu'un arrêt flétrissant fait regretter dans leur pays, I. 424.

Exemple d'un ministre protestant, III. 107.

Exemple, de l'] des ministres de la religion dans toutes les sectes, III. *idem.*

F.

Fainéans, les] & paresseux de tempérament n'ont point d'excuses va-

Tome III.   G

lables , I. 308. Exemple à cét égard, *idem.* 315.

Fainéans, loix de Solon, des Egyp-tiens, des Romains & des Alle-mands, contre les fainéans, I. aux additions, 458.

Faits juftificatifs, font inconféquens, II. 285 & *fuiv.*

Fanatique, des], II. 502.

Fanatifme eft plus dangereux que les fcélérats, & toujours épidémique, II. *idem & fuiv.*

Fanatifme, dangereux aux puiffances même, II. 503.

Femme, la] qui travaille eft plus belle que celle qui joue, I. 345 & *fuiv.*

Femmes, chez les] le defir de plaire eft un befoin de la nature, I. 348.

Fêtes, abus des] & leur danger, I. 288 & *fuiv.*

Fêtes, des] de palais, II. 355.

Fille, condamnée à mort, qui a refufé la vie aux conditions d'époufer un bourreau, I. 55.

Filles, des] publiques, II. 163.

Filles, des] à louer, II. 171.

Forme, de la] procédure criminelle, II. 281.

Forme de la procédure criminelle, courte, fimple, facile, prompte & fans inconvénient, II. 300.

Forme de la procédure criminelle, a changé plufieurs fois & toujours fans inconvénient, II. 481.

Forme de la procédure angloife, II. 300 *& fuiv.*

Fulminations, les] de l'églife fouvent méprifées ne feroient plus néceffaires dans ce fyftême, I. 68, & II. 321.

G.

Galanterie, de la]; II. 179.

Galères, des], I. 173.

Gavaux, des] & compagnons, leur différence & leur guerre, II. 49.

Génie, ce que c'est, sa différence & sa définition, II. 443.

Génie, plus un homme aura de] plus il sera juste, II. *idem & suiv.*

Génie, le] est une grace particulière de la Providence, plusieurs en ont sans le savoir, & beaucoup, & sans le faire connoître, II. 444.

Génie, le] peut être obscurci par les passions, mais son heureuse organisation le ramène toujours à l'ordre, à la vérité & à la justice, II. 446.

Gens, des] suspects, II. 1.

Glaive, les souverains ne peuvent se servir du] que pendant l'exercice de la police, si l'on ne peut absolument s'en dispenser ; mais lorsque l'ordre est rétabli, lors-

qu'il n'y a plus rien à craindre
& lorſque tout eſt pacifié, la religion leur ordonne la charité en-
vers les coupables, qui ſont toujours leurs frères, en leur ména-
geant l'inſtant de la grace qui n'eſt
connu que de Dieu, I. 107 & ſuiv.

Graces, des lettres de], II. 424.

Gradués, des], III. 133 & ſuiv.

H.

Homme, les facultés de l'] ſont im-
menſes, ils ſont tous capables d'un
travail quelconque, dont ils ne
peuvent ſe diſpenſer, ſans devenir
coupables devant Dieu & à l'égard
de la ſociété, I. 299 & 313.

Homme, l'] n'eſt réellement méchant
que ſelon les circonſtances, exception faite de quelques monſtres,
I. 256.

Homme, le plus honnête homme]

eſt toujours indolent ſur les évé-
nemens dont les ſuites ſe partagent,
I. 224.

Hommes, il faut faire tenir aux] l'état
où la Providence les a placés, en
ſuivant cependant les révolutions
qu'elle amène, d'après le choix
qu'elle a fait de quelques-uns d'eux
dans les états, qui concourt au bien
de l'ordre & de l'harmonie dans
la ſociété, I. 249 & *ſuiv.*

Honneur, l'] en France eſt un ſentiment que l'on ne ſauroit étouffer,
mais que la politique ne doit pas
moins ménager, I. 213.

Honneur, l'] n'exige point ce que
défend la loi contre le ſentiment
de Monteſquieu, I. 199 & *ſuiv.*,
& aux additions, 457, & II. 434.

Humanité, de la peine de mort con-
ſidérée du côté de l'], I. 59.

Humanité, tous les hommes ont plus ou moins l'empreinte de l'] dans quelques replis de leur ame, I. 64.

I.

Inamovibilité, de l'] des bénéfices, III. 22.

Inconnus, des], II. 42.

Inconstance, de l'], II. 205.

Infanticide, de l'] ou de la suppression de part, II. 136.

Information, de l'], II. 318.

Intention, la bonne] ne suffit pas, il faut chercher la vérité, I. 100 & *suiv*.

Intérêt, de l'], I. 396.

Intérêt, l'empereur Léon le philosophe se crut obligé d'abolir une loi de son père qui défendoit l'intérêt, il s'apperçut que cette loi étoit contraire au bien de l'état &

G 4

au-deſſus de la portée de la nature humaine , ce qui l'obligea d'en rétablir l'uſage, I. 398 & ſuiv.

Jeux, des] de haſard, I. 340.

Jeux, moyens de les prévenir, I. 342 & ſuiv., & 358.

Jeux, des] qu'on appelle loteries, I. 359.

Juſte, le] ne peut ceſſer d'être heureux, II. 453 & ſuiv.

L.

Lettres, les] ſont en danger de ſe perdre en France, moyen de les conſerver, II. 233 & ſuiv., juſqu'à la 241 incluſivement.

Liberté, la] doit être gênée & reſſerrée par les loix, parmi des êtres raiſonnables la liberté conſiſte à ne dépendre que des loix, I. 60, & III. 94.

Liberté; la] eſt une condition telle-

ment effentielle à l'homme, que
la conftitution de fon être en dé-
pend, lorfqu'il a connu le prix,
I. 233.

Loix, les] divines ont été é abrogées,
ij & iij, au Difcours préliminaire,
& I. 99.

Loix, les] dans leurs variations doivent fuivre les révolutions des
mœurs, I. 5 & 147, & II. 489.

Loix crminelles en Ruffie, I. 7 & fuiv.

Loix, les] de Moïfe comprenoient
le fyftême politique & théologique,
parce qu'elles n'étoient que pour
un feul peuple & pour un feul
tems, I. 130 & fuiv.

Loterie royale, fa différence, I. 374
& fuiv.

Loteries, des], I. 359.

Loteries, du vuide que pourroit oc-
cafionner la fuppreffion des], I. 373.

G 5

M.

Magasins, des] à prix fixe, II. 75.

Magistrats, les jeunes] sont communément plus sévères que les vieux, I. 73, & II. 346 & *suiv.*

Maquerelles, des], II. 161.

Marchands, des], II. 63.

Maréchaussée, doublée sans frais de plus, II. 82 & *suiv.*

Maréchaussée, la] en France vaut mieux, pour prévenir les crimes, que toutes les loix angloises, II. 306.

Maréchaussée, la] est la plus belle & la plus utile institution que l'esprit d'ordre ait jamais imaginée, II. 100.

Mariage, du] des prêtres, III. 31.

Mariage, le] des prêtres fut proposé à trois fois différentes au concile de Trente, mais il n'y eut rien de décidé, III. 31.

Mariage, le] des prêtres eft permis par le droit divin, III. 94.

Mariage, la défenfe du] pendant un certain tems a été prédite par faint Paul, III. 88 *& fuiv.*

Mariages, les] doivent être favorifés & même excités par tous les moyens poffibles, ce n'eft que par ce reffort naturel que l'on peut opérer une heureufe révolution dans les mœurs, II. 261.

De la différence du prêtre marié, III. 46.

Marque, la] aux épaules eft équivoque, barbare & inutile, I. 132.

Matelots, des], II. 4 *& fuiv.*

Maux, les] inévitables qu'il faut tolérer doivent changer de nom, I. 374.

Maxime, très-bonne] de Tacite pour l'adminiftration de la juftice criminelle. Difcours préliminaire, *vj* & *fuiv.*, & 256 & II. 307.

Méchant, le] eft néceſſairement malheureux, II. 462.

Méchant, l'homme n'eft réellement] que felon les circonſtances, exception faite de quelques monſtres, I. 256.

Meſſageries, des], II. 106.

Mœurs, les] plus douces font dues à la philofophie & à la religion, I. 22 & *fuiv.*

Mœurs, des caufes principales & générales de la dépravation des], II. 213.

Moines, les] ont confervé les lettres, nous leur avons l'obligation de la fcience, II. 225 & *fuiv.*

Moines, les] qui ne meurent que depuis peu, feront un grand vuide pour l'inſtruction, fi l'on n'y prend garde, II. 232 & *fuiv.*

Monitoires, les] & fulminations toujours méprisés, & ne seroient plus nécessaires dans ce systême, I. 68, & II. 321.

Monts-de-piété, des], I. 404 & *suiv.*

Monts-de-piété, moyens de les rectifier; il en faudroit quatre à Paris & bien placés, il seroit nécessaire qu'il y en eût dans les grandes villes des provinces, II. 447 & *suiv.*

Mort, la] d'un criminel ne peut jamais devenir nécessaire, si l'on peut le retenir dans les liens, I. 35.

Mort, peine de] n'est utile en aucun cas, sentiment de M. de Beccaria combattu, I. 35.

Morts, sont bientôt oubliées, quelques fameux qu'ils aient été, soit en bien ou en mal, I. 40 & *suiv.*

N.

Nature, tout ce qui eft contre la]
eft toujours faux, I, 65.

Nègre, le] comme un autre homme
raifonne felon la fituation où il fe
trouve, II. 407.

Nègres, des peines par rapport aux]
dans les colonies, II. 406.

Nègres, confpiration de la part des]
contre les blancs à la Martinique,
II. 409.

Noble, qui a prouvé fa qualité par
le fupplice de fon ayeul qui avoit
eu la tête tranchée, I. 153 & *fuiv.*

O.

Obfervation très-importante, trois
chapitres qui fe fuivent à cet égard,
II. 461, 476 & 495.

Oisiveté, de l'] I. 288.

Opinion, de l'] d'un auteur célèbre à l'égard des peines, II. 400.

Opinion, le général des hommes n'eſt régi que par l'] commune; la philoſophie raiſonne, & la coutume fait penſer le public comme il voit agir, I. 170 & 275.

Orateur, l'] perſuade plus par ſes exemples que par ſes diſcours, II. 221.

Ordonnance, l'] de 1667, eſt, dit-on, le chef-d'œuvre de l'eſprit humain; différence de celle de 1670, II. 281 & ſuiv.

Ouvriers, des] qui vont par bandes travailler au loin, II. 54.

Ouvriers, des] dans les villes, I. 327.

P.

Papes, quelques] ont été mariés, III. 82.

Part, de la suppression de] II. 323
& *suiv.*

Passe-ports, des], II. 47.

Pauvres, des] vieillards & infirmes,
I. 323 & *suiv.*

Peine, de la] de mort considérée du
côté politique, I. 1.

Peine, de la] de mort considérée du
côté de l'humanité, I. 59.

Peine, de la] de mort considérée du
côté de la religion, I. 80.

Peine, de la proportion de la] au
délit, II. 378.

Peine, la] du talion fut imitée du
droit naturel, erreur à cet égard,
II. 486.

Peines, des], II. 360.

Peines, des] qui doivent être répé-
tées, II. 396 & *suiv.*

Peines, les] doivent toujours être
exécutées dans le lieu du délit, II.
493.

Peines pécuniaires & peines corporelles, ne font plus admiffibles contre le fentiment de Montefquieu, II. 400.

Peines, de la divifion des], II. 391.

Pères, les faints] examen de leur fentiment fur les fupplices, I. 92 *& fuiv.*

Pères, plufieurs faints] mariés, III, 79 *& fuiv.*

Peuple, le] n'eft pas capable de goûter d'autres argumens que les faits ou les exemples fur lefquels il fe conduit, II. 498 *& fuiv.*

Peuple, le] eft par-tout religieux, I. 286, & III. 104 & 129.

Philofophie, la] raifonne, mais les hommes fe laiffent conduire par l'opinion commune, I. 170.

Piété, la] fans fcience eft ridicule, elle fait plus de mal que la fcience fans piété, III. 44 *& fuiv.*

Poftillons, des], II. 26.

Pragmatique, de la] fanction & du concordat, moyen fimple d'en annuller les difpofitions, contraires à la France & furprifes dans un moment critique, III. 121.

Précepteurs, bons] voilà ce qui manque, II. 220.

Préjugés, il eft certains] du peuple qu'il faut entretenir pour le bien de l'état, I. 158 & *fuiv*.

Prélats, du fentiment des] fur le troifième volume de cet ouvrage, III. 117.

Prélats, les] François ont toujours été le folide bouclier de l'églife gallicane, III. 117.

Prêt, du] lombard, I. 431.

Privilége, le] d'être jugé les chambres affemblées, eft un avantage important. II. 347 & *fuiv*.

Privilége, les nobles ne regretteront

point le] d'avoir la tête tranchée, I. 171 & *suiv.*

Privilégiés, des cas], II. 332.

Probité de la nation suisse, cause de sa juste réputation à cet égard, I. 173 & *suiv.*

Procédure, de la], II. 281.

Q.

Question, de la] préalable, I. 195.

Quêteurs, des] qui se disent être brûlés, II. 59.

R.

Rapt, du] de séduction, II. 144.

Rapt, du] de séduction commis par les gens mariés, II. 155.

Rapt, du] de force ou de violence, II. 397.

Recéleurs, des], I. 396.

Récolement & confrontation inutiles felon ce plan, II. 315.

Religion chrétienne, prohibe expref-fément la peine de mort, I. 81 & fuiv.

Religion, la] eft mieux entendue qu'elle né l'a jamais été, I. 25.

Remontrances faites par les Théolo-giens d'Allemagne au pàpe Pie IV, incontinent le concile de Trente, concernant le mariage des prêtres, III. 36.

Réponfe à un doƈteur de Sorbonne, qui difoit que l'églife étoit dans l'erreur depuis près de dix-huit cents ans, fi la religion prohibe la peine de mort, I. 122. & fuiv.

Repris, l'homme] de juftice ne mé-rite point une peine capitale pour deux délits fimples; cet ufage n'eft point felon les rapports de la juf-tice, I. 190 & fuiv.

Réfignations, des], III. 28.

Rufe, la] eft l'indemnité de la foibleffe, II. 308 & *fuiv.*

Rufe, en même tems que les mœurs s'adouciffent, la rufe & l'artifice font des progrès, fi l'on n'y prend garde, II. 487 & *fuiv.*

S.

Science, la] eft plus chez les moines que chez les autres eccléfiaftiques, trois caufes de cette différence, III. 44 & *fuiv.*

Science, la] doit être le caractère diftinctif d'un miniftre de la religion, III. 44 & 45.

Service, le] militaire eft la feule éducation dont le peuple eft fufceptible, après la fublime éducation de tous les hommes, I. 246.

Sociétés, les] n'ont que le droit de réunir leurs forces pour empêcher

le mal, mais elles n'ont pas celui
de faire mourir. I. 72.

Soldats, comparaison des] allemands
avec les soldats françois, I. 268
& *suiv.*

Soldats, russes ont le point d'honneur de ne jamais déserter, I. 267.

Sorciers, des], II. 266.

Souverains, de l'autorité des] sur la
question du célibat des prêtres,
III. 93.

Supplices, les] sont tous contraires
à leur institution dans les mœurs
actuelles, I. 18 & *suiv.*

Suppression de part, de la], II. 136
& *suiv.*

T.

Témoignage, faux] moyens de le
prévenir, II. 324 & *suiv.*

Terre, ceux qui abandonnent la culture de la] un certain tems, ne

font plus capables de s'y remettre,
I. 247 & *fuiv.*

Tête, le fupplice de trancher la]
eft faux & contraire à fon inftitution, I. 167 & *fuiv.*

Tête, les Chinois ont mieux calculé
que les autres hommes, les effets
du fupplice de trancher la tête,
I. 456, aux additions.

Tête, de l'ufage de mettre la] à prix,
II. 327.

Travail, le] fanctifie, I. 339.

Travaux, des] de charité, I. 331
& *fuiv.*

V.

Ufuriers, des], I. 396 & *fuiv.*

Vengeance, Dieu s'eft réfervé toute
efpèce de], I. 104.

Vérités générales, vérités locales &
vérités momentanées, leurs diffé-

rences, ce que l'on entend par le mot vérités, I. 1 & *suiv.*

Vie, le droit d'ôter la] n'appartient qu'à celui qui a le pouvoir de la donner, I. 144.

Vieillards, des] & des infirmes pauvres, I. 323.

Viol, l'action du] est inconcevable pour les honnêtes gens, la peine n'en doit point être répétée, & pourquoi, II. 398.

Voyageurs, des] qui courent la nuit en chaise de poste, II. 110.

Fin de la table des Matières.

ADDITION à la page 110, 8, *après le mot abus.*

Lorsque nous prétendons qu'en supprimant l'obligation du Célibat, l'Eglise verroit cesser l'abus des résignations, nous supposons qu'alors le concours des deux autorités interdiroit aux Ecclésiastiques mariés la faculté de résigner.

www.ingramcontent.com/pod-product-compliance
Lightning Source LLC
Chambersburg PA
CBHW072101080426
42733CB00010B/2176